高校学生管理与和谐校园构建研究

刘 平◎著

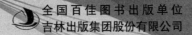

全国百佳图书出版单位
吉林出版集团股份有限公司

图书在版编目（CIP）数据

高校学生管理与和谐校园构建研究/刘平著. --长春:吉林出版集团股份有限公司,2023.6
ISBN 978-7-5731-3708-1

Ⅰ.①高…Ⅱ.①刘…Ⅲ.①高等学校－学生－学校管理－研究Ⅳ ①G645.5

中国国家版本馆CIP数据核字(2023)第115433号

GAOXIAO XUESHENG GUANLI YU HEXIE XIAOYUAN GOUJIAN YANJIU

高校学生管理与和谐校园构建研究

著　　者：刘　平
责任编辑：欧阳鹏
封面设计：冯冯翼
开　　本：720mm×1000mm　1/16
字　　数：280千字
印　　张：15
版　　次：2023年6月第1版
印　　次：2023年6月第1次印刷

出　　版：吉林出版集团股份有限公司
发　　行：吉林出版集团外语教育有限公司
地　　址：长春市福祉大路5788号龙腾国际大厦B座7层
电　　话：总编办：0431-81629929
印　　刷：三河市金兆印刷装订有限公司

ISBN 978-7-5731-3708-1　　定　　价：90.00元

前　言

目前,随着高等教育体制改革的不断深入,社会对高校提出了新的要求,高校对学生管理工作关注程度越来越高。校园文化以学生和教职员工为主体,以校园为空间,是在特定校园环境中积淀形成的具有社会主义精神文明、时代发展特点、道德情操的群体文化。良好的高校校园文化营造了高校学生和谐的学习环境与生活环境,是确保学生管理工作顺利进行的关键。因此,在高校学生管理工作中,构建良好和谐的校园文化,不仅有利于激发学生学习的主动性、教师教学的积极性,还能弘扬校风,营造积极健康的精神文化氛围,从而提高学生管理水平,促进学生管理工作顺利进行。

本书立足高校实际情况,提出了符合中国特色的学科框架。希望本书的出版能够为广大高校教师的学生管理工作提供一定的参考。本书在撰写过程中得到了许多专家学者的帮助和指导,并参考了大量的相关学术文献,在此一并表示真诚的感谢。由于笔者水平有限,加之时间仓促,书中难免会有疏漏之处,希望各位专家和读者予以批评、指正,以期日后更加完善。

2023 年 4 月

目　录

第一章 高校学生管理

第一节 高校学生管理内涵与特点

一、高校学生管理的内涵

（一）高校学生管理概念的界定

现代管理是一个综合计划、组织、协调、控制各方面于一体的系统性过程。经过专家学者们多年的实践和研究证明，这个管理学的理论和观点基本是正确的，而且也成了定义管理学概念的基础。如今，单就现代管理的各种概念就有十余种，周三多认为，管理是社会组织为了实现一定的管理目标而进行的一系列管理性活动。

现在很多的论文和文献都在使用"学生管理工作"这一概念，但是关于学生管理工作的定义目前还没有一个权威的说明和描述，国内几部专门性的高等教育管理著作也没有对学生管理工作的概念进行系统描述。同时在关于学生管理工作的大量学术文献和期刊资料中，西南大学公共管理学院胡志宏在相关文献中对学生管理工作的概念进行了解释，他认为学生管理工作是针对学生采取的有针对性、有计划、有目的、有组织的一系列教育管理活动，管理内容包括学生的生活、学习、思想、品德、素养等各个方面。

学生管理是教学管理的早期延伸，它主要包括学生的学籍管理、报到入学与身份注册、成绩考核与记录的办法、学籍异动、考勤与在校纪律管理、在校期间的奖励与处分等。20世纪80年代后期，我国的高等院校大多都设置了专门负责学生管理工作的具体部门，所以学生管理工作中的招生工作、学生在校的考勤和思想教育工作、学生奖惩工作、毕业生就业工作，和属于后勤相关部门管理的与学生生活息息相关的宿舍管理工作等事务，都陆续归并到学生管理工作部门（或称为学生处）的工作职责范围内。20世纪90年代初，"学生管理"才第一次作为《普通高等学校学生管理规定》（1990年版）这份文件的关键词，文件指出："本规定所称的学生管理，是指对学生入学到毕业在校阶段的管理，是对高等学校学生学习、生活、行为的规范"。在这条规定提出前，我国高校学生管理工作中提到的"学生管理"就是指"管理学生"，是对学生日常行为的规范和纪律管理。学生管理，又称学生事务性管理，是指通过规范、指导、服务学生，从而促进学生全面发展的组织活动。

学生管理有广义和狭义之分。从广义角度看学生管理，就是平时说的学生工作，主要内容有学生的思想政治教育、日常行为管理、学生成长管理、学生工作管理等。从狭义的角度看学生管理，更注重的是学生事务的管理，主要是学生日常事务的管理，比如班级建设与管理、新生入学管理、安全指导与管理、学生的职业规划管理等。高校学生管理是高校管理中必不可少的部分，高等院校学生管理工作的质量，会影响高校的发展与改革，影响高校在社会上树立的形象和高校培养的人才对社会的贡献能力等各方面。因此，做好高校学生管理工作，是时代赋予高等院校的使命和义务。

学生管理是以培养人才为主要目标，在国家教育管理制度和教育方针引导下不断促进教学质量提升的一种管理行为。学生管理要求学校能够进一步规范管理行为,加强全面管理,不断创新管理手段和方法,提高管理质量和水平,进而更好地促进当代高校学生的健康成才。

（二）高校学生管理的含义

高校学生管理是高等学校管理工作不可缺少的组成部分,是指在特定的思想理论指导下,高校经过长期实践并逐步形成的,开展各项学生工作的操作方法和思维模式。高校学生管理工作是指高校针对学生在校期间,对学生校内外的活动和学习进行规范协调、规划、组织和管理的总称,它是由高校学生管理工作者组织指导学生,按照各个院校制定的标准,有计划、有组织、有目的地进行学生思想教育、日常生活管理及师生服务等工作,最终达到学生德、智、体、美等全方位的发展,使之成为中国特色社会主义现代化事业的建设者和接班人的过程。学生管理工作不是一项单一的工作,它是一项全面系统的工程,所涉及的具体内容包括学生管理工作中的方方面面。

简单地说,它主要是以对学生的思想政治教育为主导,以对学生学习的培养为核心,以学生学风班风建设为重点,以党建工作为主线,带动各项工作发展。具体地说,它包含对学生的思想政治教育、规范学生的日常行为和学习、生活扶贫解困、心理咨询等诸多方面。

高等院校是教书育人的主阵地,是学生学习的关键场所,对学生的思想观念和人生规划等具有重要影响。只有坚持以学生为本的管理理念,才能协调好各方面的关系,更好地促进学生的全面协调发展。在高校学生管理中,要坚持学生的主体地位,在充分尊重学生的基础上更好地服务学生,让学生能够更好地学习和发展;要能够了解学生的想法,掌握学生的个性,通晓学生的情感,尊重学生的想法,不断发现学生身上的潜力与闪光点,按照学生个性因材施教,培养出具有创新精神的新时代学生;同时学生管理工作的开展还要充分发挥学生的主观能动性,促进学生实现自我管理和相互学习,最大限度地发挥学生的自我管理积极性。

当前高校的学生管理普遍是通过制度对学生行为进行规范和约束,没有充分从学生的角度出发,很容易造成学生的逆反心理。现在我们希望学生能够成为高校的主人,希望他们能享有可以享有的基本权利,希望他们能够得到高校管理工作者们的理解和尊重。以生为本要求高校学生管理工作者做到真正尊重每一个学生,不能因为学生的个性差异而区别对待,能够关注每一位学生在学习、生活上遇到的困难,关注学生的心理健康,尊重学生思想理念的差异,认真对待每一位学生提出的建议,从根本上解决每一位学生无论是生活上还是心理上的实际困难。以上这些都要求我们建立和完善目前的高校学生管理体系,更新学生管理的理念,创造一个良好的校园氛围,提供一个学生自我管理和自我教育的平台。

但是,尊重学生并不是任由学生自由发展,对于学生在校期间的违法违纪行为,我们要及时纠正,对学生错误言行举止进行批评、教育。对于学生,我们要从思想上关心他们,使高校学生能有坚定的政治立场,能在思想上同党中央保持高度一致,坚定永远跟党走的决心和信心;从学习上关心他们,让他们能够通过思想引导和专业教育,加深对学习的兴趣,提高自我规划的能力,树立长远的学习目标;从生活上关心他们,让他们享受到国家针对学生设立的各项优惠政策,学校也要创造良好的环境让大家感受到学校的温暖。良好的校园文化氛围是学生成长、成才的必备条件,高校学生管理工作者应根据学生自身发展的需要,时刻关心他们的成长,多鼓励学生参加活动,为学生成才搭建各种平台。这样学生就能不断地在思想上提升自己、在学习中充实自己、在生活中完善自己,为他们的目标实现、自我提升和全面发展奠定扎实的基础。

作为高等院校本身,要坚持"从学生中来,到学生中去"的管理理念和思想,并将这种思想理念落实到管理的每一个细节,使学生管理真正地服务于学生,而高校在学生成长学习的过程中要充当好服务的角色。与此同时,我们必须认识到,管理不仅仅是服务,管理也在培育人才。这就对高校学生管理者提出了新的要求,要求尊重个体差异,激发学生的创造力,为学生构建良好的校园文化平台,营造良好的学习氛围,从学生的实际需求出发,关心学生生活学习的各个方面,并将所有的管理措施落到实处,切实服务于学生,为学生办实事,为学生提供更多生活和学习方面的帮助。

高校学生管理工作应坚持以学生为本,从管理艺术的角度出发,逐步建立起公平公正的竞争环境,在学生与学校管理者之间建立平等的良好关系,既要做好日常的行为管理工作,又要处理好与学生之间的关系,管理者需注意管理的方式方法,减少矛盾发生。高校学生管理只有从学生主体出发,才能真正地为学生着想,更好地去帮助和引导学生,鼓励和促进学生更好地发展。学生的健康成长和发展离不开管理者的正确引导和鼓励,有时候多一点理解关心胜过训斥说教,方法有时候比实际管理行动更重要。各个高校要加强对学生的全方位管理,注重素质教育,给学生构建自我展示的舞台,让学生自觉自愿地参与学校规定的各项工作,激发学生的创造力,提高学生的积极性,赋予学生强大的责任感,使学生实现德智体美的全方位发展,成为国家和社会需要的高素质的全面人才。所有这些工作目标都是高校学生管理工作内涵的具体体现。

二、高校学生和学生管理工作的特点

（一）现阶段高校学生的特点

1. 价值观特点

当下的高校学生与他们的上一代人有十分明显的区别，其中最主要的原因是社会思想多样化，使这一代学生的思想价值呈现多元化趋势，这从目前高校学生的一些行为就可以表现出来。比如，许多学生在兴趣爱好、人生理想、个人追求上都标新立异。在互联网的普及下，学生通过社交网络能够接触到不同的思想和价值观念，这对处在生长发育时期的青少年学生产生了很大影响，这种多元化的价值观在高校学生的学习和生活中表现得更为突出。学生的思想价值多元化，对高校的学生管理产生了很大影响，使高校学生管理工作更加困难和复杂。

2. 生源特点

（1）缺乏基本的社会经验

当下高校学生大多是独生子女，物质条件相对较好，在进入高校学习之前，大多没有独立生活的经历，缺乏基本的社会实践经验，缺乏必要的独立生活能力。进入高校之后，每个学生既是高校团体的一员，也是社会独立的个体，由于缺乏社会经验，缺乏自我保护能力，一旦接触到不良事物，可能会对他们的个人生活和身心健康造成损害。

（2）学生的学习和生活方式发生改变

随着信息技术的不断提升，互联网在社会生产生活中的普及程度提高，高校学生已经完全处在信息网络化的生活状态下，高校学生的学习和生活已经完全离不开互联网。高校学生作为青年群体，是网络使用的主要人群，在网络环境下，学生的学习和生活方式发生了很大变化，学生越来越习惯于网络的虚拟社交,尽管这在一定程度上扩大了学生的社交范围,但却使他们正常的社交能力退化。在学习上,互联网新媒体的信息传播方式丰富了学习形式,为学生的多元化发展提供了良好途径,但却对传统课堂教学造成了冲击。

(二)高校学生管理工作的特点

伴随着我国高校进入快速发展阶段,学校在教学计划、培养目标、国际交流、社会实践等方面的改革,使学生得到了全面发展,高校管理水平得到了提高和改善。此时的学生管理工作主要有以下几个特点:

1. 实践性

高校学生管理工作的宗旨是在实际工作中解决具体的学生问题,高等教育的最终目标是能够培养出具有高素质、高质量,对社会有贡献的人才。为适应时代的快速发展,学生管理工作的内容、形式、手段也在不断革新,新型的管理模式不能只是高谈阔论,还应该在实际工作中运用并进行检验,不合理的模式得到进一步改善,先进的、科学的管理方法则要坚持运用并加以改革,以更好、更快地适应不断变化着的学生群体和社会环境。

2. 及时性

学校的学生工作具有突发性的特点,管理者要迅速反映、及时到位,彰显时效性。管理人员要准确掌握信息,及时处理,不能延误。特别是在当今信息时代,事件的传播和影响有时会超出所能控制的范围,所以要把问题处理于萌芽阶段。如果在学生管理工作中发生的问题没有得到实际的解决,对学生、学校都会产生不好的影响。

3. 服务性

如今高校学生对管理人员有很强的依赖性,许多事情不知道如何解决;同时学生管理工作的范围在扩大,管理的职能在增加,高校学生管理单位应积极做好服务工作,满足学生需要。

4. 政治性

近年来,随着我国社会的发展变化,高等教育领域的改革不断深化,高校学生管理工作发生了重大变化,学生工作的内容开始由强调学生思想政治工作,向着注重将学生思想政治教育与学生事务管理有机结合的方向转型,但学生工作的思想政治性从未改变。当代高校学生思想活跃,但阅历不深,社会的不良面和阴暗面会钻空子,因此培养和提高学生政治觉悟,关注学生思想教育,才能促进学生健康成长。

第二节　高校学生管理工作的重要地位及核心问题

一、高校学生管理工作的重要地位

近年来,我国高校招生规模连年攀升,但工作人员数量和硬件规模很难与招生人数达到平衡,教师与学生比例严重失调,给高校学生管理工作带来巨大压力。为了保证高校能顺利地为社会输出优质人才、适应当代高校学生素质教育的要求,我国高校必须重新审视学生管理工作,以全新的、科学的角度定位学生管理工作。

(一)高校学生管理工作与党务工作密不可分

目前,我国的学生管理部门都归属于高校党委,只有实行党委领导,才能使高校的思想政治教育获得更大的保障,同时可以在思想政治方向上指导和引领学生,促进高校学生管理工作稳定发展,保障社会和谐进步。因此，要想使高校学生在政治上跟党走，必须在管理上和党同行。

（二）高校学生管理工作与教学工作紧密相连

培养人才、发展科学文化与社会服务是《中华人民共和国高等教育法》中规定的教育职能，三者是并列、相互交叉的关系，这三点组成了高校学生管理工作的整体。其中培养人才是重中之重，高校的学生工作和教学工作都是其坚强的后盾和有力保障。但有些高校只把重心放在追求教学质量上，以教学为中心，忽略了学生管理工作在保障教学开展和教学质量方面的巨大作用，无法输出适应社会的人才。

现代的学生教育具有多重性，既有隐性也有显性。在社会快速发展的今天，必须加强显性和隐性教育的力度，二者相互促进，相互作用，相互带动。显性教育一般是学校教学计划内的课程，使学生学到基础知识、扩大视野；隐性教育是指学校布置的教学计划以外的，对学生起到教育和引导作用的内容。两者的共同之处在于都是对学生的教育引导，二者密不可分。教学工作和学生管理紧密相连，对学生的成长成才都起着巨大的推进作用，在全球经济快速发展的今天，为培养综合素质较高的人才提供了应有的服务、承担了应尽的职责。教学工作和学生管理工作相互依存，密不可分。

随着我国教育、经济、社会的不断发展，高校学生管理工作的地位也相应地发生变化，高校学生管理工作已由传统的管理学生向新型管理转变。传统的学生管理着重对人的管理，而新型的学生管理更注重教育、管理、服务一体化，站在学生的角度，从学生的实际利益出发开展工作。教育是指把对学生进行的思想政治教育和日常教育进行结合，把国家和学校的思想理念、正确的观点、正确的行为准则渗透到学生心中，使学生向着国家、社会还有学校所希望的目标发展、成才的过程,旨在让学生树立正确的观念,坚定爱国主义信念,由外在教育向自我教育转化。管理的最终目的是根据规章制度和教学计划对学生加以规范,让学生服从管理,从而配合教育教学。服务是指为了使学生成为合格的社会主义人才,从学生的角度出发,制定各种服务政策和帮助政策。教育、管理和服务三者相辅相成,缺一不可。服务是对学生教育和管理的一种升华,先进的学生管理思想离不开服务育人的观点。各高校应树立以生为本的管理理念,重视学生工作,尊重学生本身,构建和谐的校园环境和师生关系。高校的学生管理工作是一项艰巨、持久的工作,重视服务也不能忽视脱离教育和管理,如果学生没有受到良好的教育是无法树立正确的世界观、人生观和价值观的,那就无法开展教学工作,无法进行正常的学生管理。同时,管理也是教育的保障手段和有效措施,只有结合管理进行全方面教育,才能看见效果,达到理想的教育目标。教育是培养人才的一种方式,管理是其中的一种手段,服务则是更高层次地开展学生管理工作的一种工作的形式。

二、高校学生管理工作存在的核心问题

(一)高校学生管理工作缺乏创新

高校学生工作必须结合当代学生的生理与心理特点,要符合教育规律和学生成长规律,通过落实以学生为中心的管理理念,引导高校学生充分发挥自身主观能动性,创新管理方法,增强高校学生管理工作的效果。但是,在部分高校的学生管理工作中,尚存在着管理理念陈旧、管理方法缺乏创新等问题。在有的学生管理工作中,由于缺少其他元素的配合协调,特别是没有调动学生参与管理的积极性,无法实现高校学生的自我教育、自我管理及自我监督,影响全员育人、全过程育人、全方位育人的效果。

（二）高校学生就业管理工作存在问题

影响高校学生就业数量与就业质量的因素主要包括三个层面,即学校层面、教师层面和学生层面。

1. 学校层面

（1）专业设置与市场需求匹配度不高

高校学生所学的专业直接与毕业生就业相关联,若毕业生所学专业符合社会经济发展需求,则应聘到合适的目标岗位就比较容易;反之,若其所学专业和市场需求不符,则会造成就业难、就业率低等问题。

（2）师资队伍建设投入不够

我国高校教师结构复杂,并且学校在师资队伍建设上的投入不够,导致教学效果和学生培养质量得不到有效保证,使毕业生在激烈的就业竞争中处于劣势。

（3）校企合作深度有待进一步提升

深入产学研合作教育,加强学校与企业的实质性合作,是解决高校毕业生就业质量问题的关键。学校与企业之间实现深层次合作的基本要求在于将以下几个方面进行有效融合:专业理论知识与企业岗位实践有效融合;课程理论知识与企业的生产、研发及销售现状有效融合。通过学校与企业之间的、基于实际展开的一系列合作,以期能够在实践中培养学生运用所学知识解决实际问题的能力,提高综合职业素养与就业竞争力。然而,大多数校企合作经验不足,加之部分领导对此项工作未能给予高度重视,导致校企合作深度不够,未能达到预期效果。

2. 教师层面

由于部分教师自主学习意识不足,以及学校对教师培训学习的重视度不高,导致一些高校的教学理念与教学模式得不到实时更新,影响了教学工作效率的提高与管理质量的改善。同时,部分高校的管理者追求短期经济效益最大化,不注重对教师职业技能的培训与提升,所配置的学生管理机构在人员素质与管理水平等方面存在不足,影响办学质量。

随着社会的发展,学生的身心也在发生巨大变化,学校管理制度应该与时俱进,在吸收借鉴现存管理制度可行内容的基础上,积极创新,对相关管理人员进行适当的培训指导,坚持"引进来"与"走出去"原则,优化相关管理制度。然而,通过对现阶段高校的教师进行分析,部分高校教师遵循传统的管理方法,缺乏现代化的学生管理理念与经验,并且自主学习能力较弱,与时代发展的新要求不符,也不符合时代的发展的要求。

另外,部分高校选聘的学生管理人员,人事关系得不到解决,其在薪资、福利待遇、职称评定等方面不具备优势,导致其对高校缺乏归属感,影响其工作的积极性,进而无法给学生提供优质的就业服务与教育指导。

3. 学生层面

高校整体的生源层次较为复杂,导致部分高校毕业生在文化基础、学习能力、学习态度及思想素质等方面存在不足,最终会影响毕业生就业质量。

同时,就业竞争本质上是求职者综合能力的竞争。高校学生的学习能力、专业基础和综合素养客观上存在较大差距,为了持续保持竞争优势,他们需要提升综合能力。

(三)高校学生档案管理工作存在问题

近年来,包括职业教育在内的我国整体高校教育都处于高速发展期,为国家和社会培养了大批高学历实用型人才。随着高校学生人数的不断增加,基于档案管理范畴下的高校学生管理工作的重要性就日益凸显出来,其中存在的各种各样的问题和矛盾也随之显现。

1. 缺乏有效的管理理念

首先在高校学生的档案管理工作中,部分高校仍沿用传统的管理理念,档案管理工作人员缺乏全局性思维和服务性思维,使学生档案管理工作一直被忽视。其次,档案管理工作人员的主动性不强,严谨性不够,对待具体而繁杂的资料,收藏整理缺乏耐心,从而导致学生档案资料在建档、归档、检索及使用的过程中出现信息错误、资料不齐全和更新不及时的问题。甚至存在部分档案管理工作人员还片面简单地认为,学生档案管理工作就是简单的学生信息收集、分类,归档和储存简单管理过程,管理思维仍旧停留在被动管理的层面,缺乏充分有效地利用档案资源对高校学生进行更有针对性的管理服务的工作理念,造成学生档案信息资源未能充分地发挥作用。

2. 高校学生对档案的认知较少

学生对于档案重要性的相关认知不足,对档案漠不关心,有的甚至毕业多年,档案仍然放在学校,或者丢失损坏,导致在参加工作时面临诸多麻烦。

3. 高校学生档案管理制度不健全

现阶段,一些学校并未形成一套健全而规范的学生档案管理制度,在进行学生档案管理中运用的方法较为陈旧落后。部分高校对学生档案管理工作的重视程度不高,没有聘用专业的管理人员,管理工作从本质上不能达到较高的管理水平。管理效率及管理规范程度较低,对学校的管理工作和学生档案的保管工作带来较大的影响。

4. 缺乏管理人才及技术支持

档案管理人员是实施档案管理的主体,其自身素养及业务水平,直接影响着档案管理工作的成效与质量,进而也影响其育人功能的实现。互联网信息时代,高校学生的档案信息非常丰富,学生档案的录入工作相当烦琐,而部分高校没有有效结合互联网的优势,没有充分利用高科技设备为学生建立完善的电子档案管理系统,不能顺应时代的发展需求,使学生档案管理弊端暴露,降低了整体的管理水平。

（四）传统管理模式无法适应当代高校学生管理

传统的学生管理模式经过长期的积累,产生了一些值得保留和借鉴的管理方法和手段,但是随着社会不断发展进步,传统的学生管理模式渐渐无法适应学生工作的需求和变化。管理者是学生管理工作的主导者,指挥者,在高校学生管理中,管理者认为自己是指挥官,学生是被指挥者,在这样陈旧的管理理念引导下,产生很多负面反响。传统的学生管理模式追求的是管住学生、别出问题,采用"管理、管理、再管理"的方式对待学生的学习和生活;更有甚者,认为学生管理者是画家,学生是画纸,管理者可以任意以自己想象的方式创造作品,只凭自己主观愿望,对学生总是以命令的口吻,不断重申自己的权利和地位,时刻提醒学生该听从摆布。正是这种强硬的管理方法,激发了学生的叛逆情绪,造成了很多不良后果,给学生带来严重伤害。

总之,强压式管理方法,只懂指挥,不懂引导,与学生沟通少,不能及时发现学生存在的问题,出现问题后才去解决,这是学生工作效果差、效率低的主要原因之一。学生管理工作者应适应环境发展,学习新的、科学的管理方法,提高学生管理工作效率。

（五）网络环境中学生管理工作难度加大

随着网络技术和信息技术的快速发展,网络在高校中得到了广泛普及,网络信息技术的应用,给高校学生的学习和生活带来了极大的便利。在网络技术的应用中,安全问题是值得关注的问题,很多高校在信息化建设过程中,投入了很多的资金,购买了充足的终端设备,加强了对学生的管理,但在实践教学中,一些学生缺乏一定的自律能力和辨别能力,很容易沉溺于虚拟的网络世界中不能自拔,还容易受到一些错误网络思想的影响和诱导,出现一些极端的言行,走上错误的发展道路,甚至荒废学业。

因此,在高校学生管理工作中,一定要加强对学生的引导和教育,让高校学生树立正确的网络意识,合理地使用网络资源,促进他们更好地发展。

（六）学生管理队伍无法保障学生管理工作有效开展

高校学生管理队伍人员配备不足制约着学生管理工作的成效,给高校学生管理工作带来了巨大难题。首先,高校学生管理人员在各基层部门的分布不够科学、均衡,工作量较高,在有限的时间和精力范围内无法高效率地开展工作。而且一些学生管理基层工作人员是本科学历,知识储备和综合能力与高校学生管理工作需求不匹配。其次,高校学生管理工作者中那些年龄相对较小、社会阅历和人生经历较少的人,在与学生沟通和交流的过程当中欠缺经验,不够老练,这使学生管理工作效率大大降低。

高校的学生管理工作错综复杂,都是细节工作,更是重点工作。由于很多高校学生管理的方法缺乏科学性、合理性,没有重视服务管理,使学生管理者身陷困境,疲于事务性管理,过于注重形式,很大程度上影响了学生管理工作队伍的工作水平。

第三节 信息化思维下的高校学生管理

一、高校学生管理信息化概念

高校学生管理信息化的含义就是在原有学生管理模式的基础上,以交互化的学生工作信息网络为支撑,通过全面开放的信息化应用服务体系,对学生管理工作的传统体系在应用模式和管理模式层面进行改造,以求形成更便捷高效的学生工作管理模式和实现对高校学生有效的教育及引导。

其具体内容主要包括以下两个方面:

一是对学生事务管理实现信息化,高校通过建立和使用功能完善的学生事务管理信息平台,实现数字化和流程网络化学生信息管理模式。学生事务管理信息化的根本是要利用信息技术对传统的学生事务管理工作流程进行优化改造,在运用基于信息化管理平台的学生管理工作运行机制基础上,使用数字化形式将学生事务管理工作的信息加以整理、归纳、运用及共享。

二是高校思想政治教育实现信息化。高校学生管理信息化是为了实现思想政治教育的沟通交互化,提升教育的时效性,积极利用先进的信息技术加强和创新思想政治教育模式。以信息技术与传统工作体系和工作方法相结合的思想政治教育信息化,不但拓展了思想政治教育工作的空间和渠道,还开辟了思想政治教育网络这一新阵地,思想政治教育工作利用网络加强师生交互,将深入细致的教育融入新技术所搭建的新载体中。

高校学生管理信息化主要由学生管理的各个信息化系统平台、信息化硬件、信息化制度和相关熟悉信息化操作的工作人员共同组成。高校学生管理信息化的核心是学生信息管理系统。著名的数据管理专家威廉·德雷尔（William Durell）说过："没有卓越的数据管理，就没有成功高效的数据处理，更建立不起整个企业的计算机信息系统。"因此，我们认为在学生管理的整个信息处理过程中，学生档案信息处于中心位置。

（一）信息化高校学生管理的构成要素

作为一个管理领域的信息化，高校学生信息化管理同样包括信息网络、信息资源、信息技术应用、信息化人才、信息化产业和信息化政策法规等六大要素。这六个要素是一个有机整体，构成了一个整个高校学生管理信息化体系。其中，信息网络是基础，信息资源是核心，信息资源与信息技术的应用是目的，信息化人才、信息化产业、信息化政策法规是高校实施学生信息化管理的保障。

下面介绍信息网络、信息资源、信息技术应用、信息化人才、信息化产业和信息化政策法规这六大要素的概念、意义。

1. 信息网络

信息网络是高校学生管理信息化建设的重要内容，也是实现学生管理信息化的物质基础和先决条件。目前，我国很多高校都提出"数字化校园"建设构想，并付诸行动，校园网络建设得到快速发展，几乎所有的高校都拥有自己的校园网络并与中国教育管理网无缝连接。学校的各级管理部门大多实现网上办公并积极建设自己的管理网站。同时，高校为学生上网提供了各种各样的便利条件，加大了学生计算机中心、网络实验室的建设力度，加强了学生宿舍局域网的建设。这些基础设施的建设为高校学生管理信息化奠定了坚实的基础。

2. 信息资源

学生管理信息资源是应用于高校学生管理和管理过程中的各种信息资源,它的有效开发和利用是高校学生信息化管理的核心,也是关系到高校学生信息化管理成败的关键所在。

学生管理信息资源可分为以高校学生管理信息为核心的学生管理软件资源和以学生管理信息系统中的基础数据为核心的学生信息资源。其中学生管理软件资源主要包括以多媒体素材为基础的多媒体信息资源和以学生管理信息资源的生成、处理、分析、决策、利用为基础的各种工具资源和 Internet 资源,学生信息资源指为实现现代学生管理而建立的,以被管理者、管理内容、管理资源及其支持服务体系为主要内容的各类数据库资源等。

3. 信息技术应用

信息技术在高校学生管理中的应用是高校学生信息化管理建设的根本出发点和主要目的。有了信息网络和信息资源这些基础条件之后,信息技术的应用成为高校学生信息化管理建设的主角。可以说,学生信息化管理的效益主要体现在信息技术的应用这一环节。在信息技术应用方面应主要做好四件事:一是做好与思想理论、方法密切相关的建设,它决定信息技术在学生管理方面应用的方向,直接关系到信息技术管理应用的质量和效果;二是建立与当地学生管理信息化环境、教育管理对象及教育管理内容相适应的信息化学生管理模式;三是必须提高管理者及受管理者对应用信息技术的兴趣和基本技能;四是在不同层次上开展信息技术与高校学生管理整合的理念研究和实践,并将其作为学校信息技术管理应用的主要任务。

4. 信息化人才

高校学生信息化管理，人才要先行。为了实现高校学生信息化管理，需要培养大量掌握信息技术基本知识，具有先进的学生管理理念，以及具备信息技术应用能力的学生信息化管理人才。

作为高等教育行业某一领域的信息化管理人才有两种含义：一是通识型学生信息化管理人才，这是对在高校中从事各种学生教育、管理、服务的各类人员而言的，是对该领域全体工作人员信息技术知识、能力和素质的共同要求；二是专业型高等教育学生信息化管理人才，主要是指专门从事学生信息化管理物态化技术和智能形态技术的研究与开发，高校学生信息化管理应用和维护的专业人才。

一般来说，对通识型高校学生信息化管理人才的要求是应具备基本的获取、分析和加工信息的能力；对专业人才的要求更高，分工更细，可以是高级软件人才、网络工程师等。

5. 信息化产业

信息技术是指对信息的采集、加工、储存、交流、应用的手段和方法的体系。它的内涵包括两个方面：手段和方法。手段即各种信息媒体，如印刷媒体、电子媒体、计算机网络等，是一种物化形态的技术。方法即运用各种信息媒体对各种信息进行采集、加工、储存、交流、应用的方法，是一种智能形态的技术。信息技术就是由信息媒体和信息媒体的应用方法两个要素所组成的。信息技术的核心是信息的数字化、信息传播的网络化。信息技术是高校学生信息化管理的技术支持，是学生信息化管理的驱动力。在高校学生信息化管理过程中，开展信息技术研究不仅可以丰富高校学生管理信息化的研究内容，更重要的是可以将新的、更加有效的物态技术和智能形态的技术应用于信息化学生管理中，提高学生信息化管理的效果和水平。

信息技术产业主要指信息技术设备制造业和信息技术服务业。由于信息技术设备制造业的发展需要强大的技术和资金优势做后盾，因此，在我国高校学生信息管理进程中，信息技术产业的发展应由不同的社会部门分工协作来完成。其中学生管理信息技术产品的制造业应动员学生管理部门、科研院所和相关企业等互补性较强的部门共同参与，以便将学校从学生管理信息技术产品的开发中解放出来，集中精力和优势资源做好以学生管理信息资源的开发、利用为主的信息技术服务。

6. 信息化政策法规

高校学生信息化管理是一项系统工程，为确保高校学生管理信息化工作的顺利进行，高校及相关部门必须对学生管理信息资源开发、学生管理信息网络建设、学生管理信息技术应用、学生管理信息产业等各个方面制定一系列政策法规，以规范和协调各要素之间的关系，这既是高校学生信息化管理发展的重要条件和有力保障，也是开展高校学生管理信息化工作的依据和蓝图。只有这样，才能使高校学生管理规范化、秩序化，推动高校学生信息管理健康顺利地向前发展。

（二）高校学生管理信息化的性质和特征

高校信息化的实质，就是利用先进的计算机技术、网络技术，实现高校校园网络化、管理科学化和信息资源数字化。其中，校园网络化是信息化的基础，管理科学化是信息化的保证，信息资源数字化是信息化的核心。

高校信息化是一个动态的发展过程，是一个对传统教育观念、教育模式、管理体制、组织结构及业务流程等不断改革和优化的过程，有利于提升教学、科研、管理、服务等活动的效率和质量。同时,其本身也在这个动态发展的过程中得到不断的健全和完善,并注入新的内涵。

从静态的组织结构形态来看,高校信息化具有系统属性,有其自身的体系结构。从表现形式来看,高校信息化是一个观念信息化、组织信息化、管理信息化、事务信息化、工具信息化等有机结合的整体;从体系结构来看,高校信息化是由网络平台体系、信息资源与数据库体系、信息化应用与服务体系、信息化规范与标准体系、组织管理体系、技术与安全保障体系等构成的完整体系。

（三）高校学生管理信息化的目标和任务

高校信息化以全面提升学生的信息素养和综合素质,创建与信息社会和知识经济相适应的新型教育形态为目的,为全面提高学生的综合素质奠定基础,使高等教育打破传统的时空限制,突破高校的围墙,超越国界、区域的樊篱,为构建全球化终身教育体系奠定基础。也就是说,高校信息化的终极目的是为高校培养人才。

二、构建学校信息化管理

信息技术是当今最活跃、发展最迅速、影响最广泛、渗透力最强的科学技术领域之一。信息化是一场深刻的革命,在社会许多领域对传统的生产、生活和思维方式产生着巨大冲击,并促进着经济和社会的快速和均衡发展。随着全球经济一体化步伐的加快,信息化水平已成为衡量一个国家和地区的国际竞争力、现代化程度、综合国力和经济成长能力的重要标志,是促进社会生产力发展的重要因素。世界各国对信息化的发展已给予了前所未有的关注。

所谓"教育信息化",是指在教育领域全面深入地运用现代信息技术来促进教育改革与发展的过程。其技术特点是数字化、网络化、智能化和多媒体化，基本特征是开放、共享、交互、协作。

教育信息化的发展，带来了教育形式和学习方式的重大变革，对传统的教育思想、观念、模式、内容和方法产生了巨大冲击。教育信息化是国家信息化的重要组成部分，对于转变教育思想和观念、深化教育改革、提高教育质量和效益、培养创新人才具有深远意义，是实现教育跨越式发展的必然选择。

我国党和政府一贯重视信息化建设，2001 年，组建了以国务院总理为组长的国家信息化领导小组，体现出党和国家对信息化工作的高度重视与支持。教育部也及时成立了以部长为组长的教育信息化领导小组，领导全国教育信息化的建设和发展。

改革开放以来，在国家有关部门的大力支持下，在社会各界的广泛关注和参与下，在教育部党组的统一部署和领导下，经过《面向 21 世纪教育振兴行动计划》："现代远程教育工程" 等重大工程建设，我国的教育信息化工作取得了显著成绩，得到了快速发展，保持了强劲的发展势头。

目前，教育界对何谓高效能学校尚未形成统一的认识。笔者认为，高效能学校是学校利用现有的教育资源，使学校在教学质量、校园气氛、教学创新、学习创新、教职员素质、学生行为表现、家长参与学校教育教学工作等诸方面都有良好表现，并且能高效地实现教育目标。其具体表现为：学校拥有办学自主权；家长与社会广泛参与学校教育；校领导机构有较高的管理效能；教师态度积极，齐心协力，学校有高度的凝聚力；学校注重教师专业发展，而且能充分发挥教师的才能和经验；学生热爱学习，学校对学生寄予切合学生实际的教育期望，学校形成较为显著的特色。人类社会正在进入信息时代,信息技术可以从许多方面对高效能学校的建设起到极其有力的促进作用:为家长与社会广泛参与学校教育开辟了新的渠道;可以有效地提高校长的领导效能;对教师的专业成长提供了有力的支持;对全体学生的全面发展起到促进作用。

学校管理信息化是指学校广泛利用现代信息技术,充分开发和利用其信息资源,及时地把握机遇,作出教育、教学、科研的经营管理决策,增进运行效率和效果,从而提高学校的发展水平的活动过程。由此,学校管理现代化的原动力就是信息技术,信息化是学校现代化的基础。学校确立新的信息化理念,就是要明确,在知识经济社会、信息已成为引导资本流动的关键因素,信息本位已取代资金本位,并已成为国际金融的基础;信息社会就是信息和知识将扮演主角的社会,信息社会的信息和知识是生产力和经济、文化、教育、科学发展的关键因素。中小学校教育、教学、科研、生产、财务、行政和经营管理的成败,也取决信息这个因素,谁拥有信息,谁建立了信息网络,谁就能取得优势,增强学校实力。

信息革命的大潮冲击着教育领域,首先对传统教育观念提出了挑战。在传统的教育中,人们总是认为一定的教育思想和教育理论决定了教学的方法和技术,认识不到教学方法,尤其是教育技术的能动作用。

这并不奇怪,因为过去教育技术的发展比较缓慢,远远落后于理论的更新速度,常常是理论更新之后再来推动技术的发展和应用,因而技术对理论的反作用没能充分体现出来。然而计算机出现以来,信息技术的发展速度和对社会、教育的影响之深刻,远远超过了以往任何时代。现在信息技术不仅大量应用于教育领域,而且在很多方面超出了原有的理论范畴,对理论的牵动作用越来越突出,甚至对一些传统理论和观念提出了挑战。

首先,现代信息技术运用于教育领域,对"读、写、算"这一传统教育的"三大基石"产生了巨大冲击,使阅读方式从文本阅读走向超文本、多媒体和高效检索式阅读,使写作从单纯的文本和手工写作转变为多媒体写作和各种自动化输入方式,使计算从纯数学计算扩展为多媒体信息的综合处理,这一切将导致基础教育从内容到形式都产生新的变化。

其次,以网络和多媒体为核心的现代信息技术运用于教育领域,使教育教学的形式、手段、方法、环境等得到更新,不仅提高了学员的学习效率,改变了学员的学习方式,大大扩展了教学领域,而且使传统的教育理论、课程结构、师生关系、人才培养模式等都发生了根本性的变革。

最后,为适应现代教育技术的发展,新的教育教学观念正在逐步确立,如素质教育、继续教育和终身教育的观念;超前教育、活化教学和发展个性的观念等,这些新的观念为院校建设的发展、人才的培养,提供了重要的指导依据。

三、现代信息技术对高校信息化建设的影响

(一)云计算

1. 云计算的定义

云计算(cloud computing)是基于互联网的相关服务的增加、使用和交付模式。云是网络、互联网的一种比喻说法。过去在图中往往用云来表示电信网,后来也用来表示互联网和底层基础设施的抽象。狭义的云计算指IT基础设施的交付和使用模式,指通过网络以按需、易扩展的方式获得所需资源;广义的云计算指服务的交付和使用模式,指通过网络以按需、易扩展的方式获得所需服务。这种服务可以是IT和软件、互联网相关,也可是其他服务。它意味着计算能力也可作为一种商品通过互

联网进行流通。

2. 云计算的特点

通过使计算分布在大量的分布式计算机上,而非本地计算机或远程服务器中,企业数据中心的运行将与互联网更相似。这使得企业能够将资源切换到需要的应用上,根据需求访问计算机和存储系统。

云计算是分布式处理、并行处理、网格计算、网络存储、虚拟化等计算机应用技术发展融合的产物,是依托互联网,面向客户提供安全、快速、便捷的数据存储和网络计算的服务模式,是一种新的 IT 基础设施的交付和使用模式,是指用户通过互联网络以按需、易扩展的方式获得所需的资源,如基础硬件、系统平台或程序软件等。

3. 云计算在高校建设的应用

云计算最早由 Google 提出来,是第三次 IT 浪潮的代表。云计算是一种全新的信息技术,它可以将所有信息资源、网络、服务器、存储等集中起来,然后通过云信息技术将其定义为一个虚拟的服务,再通过"租赁"的方式提供给用户。云计算能推动高校新一代数据中心建设,从而有效地节约高校信息化建设中的资金投入。云计算的概念从诞生到现在,已经成为最热门的信息技术。"云"的强大已经被大家所公认,而且"云"的潜力还未完全被挖掘和发现。

高校信息化建设自然离不开"云"。如何利用云计算,促进高校信息化建设已经是目前所有高校面临的新问题,不过综合国内外知名的信息服务企业和高校对"云"应用的成功经验告诉我们,云计算已经是高校信息化技术必不可少的信息、技术应用。

（1）云服务

高校可以利用云计算建设属于自己的私有云。高校的各种教学资源、软件、硬件都集成在高校的私有云上，它其实也就是高校的数据应用平台。高校的每个用户不需要有强大的硬件来支持软件的应用，即使软件本身对硬件的要求很高，因为数据平台集成了强大的超级计算机。高校通过私有云大大地减少硬件、网络实施的采购，降低了运营成本。云计算将使高校无须再购买任何的软件，也许有一天云计算会让单机版软件成为过去。云服务可以为高校提供大量的、免费的常用软件。比如Office办公软件，只要高校用户能够通过WEB上网，向云服务发出申请并得到专业管理人员的同意，这类云服务都将是免费的。

（2）云存储

存储云，采用联想主机层存储虚拟化管理系统，建立存储管理虚拟层，可以在异构或同构存储之间进行镜像和建立统一存储资源池，实现存储无关性。

高校教师、学生、管理者都可以通过WEB将各种信息资源上传到高校的私有云数据平台上。高校的任何一个人都可以在任何地点上传和下载信息资源，即使使用很老旧的计算机，一样也能很快地实现资源共享。在一个云计算的网络中，不论是教学信息资源还是个人的信息资源都可以上传到云存储平台上去，任何时候不必担心资料丢失和被病毒侵袭，只要能运行WEB程序就可以随时随地地进行下载和使用。云存储服务有点类似于上传到FTP空间一样，但又和FTP完全不同。FTP是一台计算机，而云端是N台超级计算机协同组成。云存储始终保留多个副本，即使部分计算机系统崩溃也能使用户数据正常运行、存储和下载。

（3）云安全

云计算提供了非常安全的数据存储中心，高校用户不用担心存储在云端的信息资源数据丢失、病毒侵扰。用户也不用担心系统崩溃造成数据丢失，云存储为用户备份了大量的副本。

4. 云计算在高校信息化建设中的优势和问题

云计算已经在许多高校开始应用，云计算的强大功能带给高校信息化全新的革命。

（1）云计算在高校信息化建设中的优势

①大大节约高校信息化建设资金投入

目前，高校信息化建设资金投入应用在软硬件设施、网络设备购买方面，除了购买各种设备，升级也消耗了高校信息化建设的大量资金。但是云计算对硬件要求极低，其在高校应用以后，高校只需购买最低配置的设备即可实现高速的信息化运行环境，也避免了升级带来的资金消耗。

②实现高校资源整合并建立了统一的平台

高校信息化建设需要建立统一的标准才能实现信息资源共享。而云计算将统一的标准、信息化环境的建设、各软件和系统的安装任务都交给了云服务提供商，从而把过去毫无规律的数据接口变成了统一的平台，形成一个与自身操作系统、软件版本、开发环境、服务器配置无关的统一的信息平台，极大地提升了资源共享、软件开发的可行性，大大提高了资源的利用率。

③提升了教育信息化质量，提高了办公、管理效率

云计算出现之前，教学信息化质量的提升，办公、管理效率的提高都需要教职员工提升信息化意识，自觉学习并增强信息化技术能力。而云

计算的出现给各高校建立了丰富的教学信息、资源平台,不论是给老师还是给学生,都提供了大量不同的教学信息、资源。高校教职员工只需要登录 WEB 系统,可以随时随地在云端进行学习,办公、管理。师生通过相互交流学习,提升了教育信息化质量。随着云计算的深入,无纸办公成为现实,可以随时随地通过云计算快捷地管理、处理工作,也极大地提高了高校管理、办公效率。

④提升了信息、资源安全

过去,信息安全问题一直困扰着信息安全系统的正常运行,单机服务器的不稳定给信息化建设制造了诸多的不确定因素。云计算出现后,提供了非常安全的数据存储中心,高校用户不用担心存储在云端的信息资源数据丢失、遭受病毒侵扰,用户也不用担心系统崩溃、病毒侵扰所造成的数据丢失。

（2）云计算在高校信息化建设的问题

云计算给高校信息化建设带来全新的理念,"云" 强大的功能的确也给高校信息化建设带来很多的好处,但是目前掌握云计算技术应用的人还很少,技术本身和技术应用也有不成熟的地方。所以云计算的应用目前还处于初期磨合状态中。

（二）物联网

1. 物联网的定义

物联网（Internet of Things）是新一代信息技术的重要组成部分。物联网的定义是通过射频识别（RFID）、红外感应器、全球定位系统、激光扫描器等信息传感设备,按约定的协议,把任何物品与互联网相连接,进行信息交换和通信,以实现对物品的智能化识别、定位、跟踪、监控和管理的一种网络。物联网的目的是让所有人、所有物品都和互联网连接起来,方便识别、监管和控制。物联网是继计算机、互联网、移动通信网之后,带给世界信息产业的第三次浪潮。物联网技术是现代信息技术备受关注的焦点,同样也是当前世界经济、社会进步,以及科技发展的重要的战略制高点。

物联网应用极其广泛,遍及智能交通、环境保护、政府工作、公共安全、平安家居、智能消防、工业监测等多个领域。它不是一个简单的信息管理系统,而是一个涉及多种学科领域(如生物、物理、通信、微电子、计算机等)的复杂信息系统,融合了感知和识别技术、网络通信技术、数据处理技术、信息安全技术等多种技术。

2. 物联网的特点

(1)物联网技术是各种传感技术的广泛应用

物联网上装载了大量的、不同类型的传感器装置。传感器能感受到被测量的信息,并将感受到的信息按一定规律,将其转换为电信号或其他所需形式的信息输出,以满足信息的传输、显示、存储、控制等要求。每个传感器都是一个独立的信息源,不同类型的传感器所捕获的信息内容及信息格式都是不相同的。传感器按一定的频率,周期性地采集信息,不断地更新着数据。

(2)物联网是一种建立在互联网上基础上、又区别于互联网的网络

物联网的基础仍然是互联网,物联网的技术核心和基础也是互联网。物联网是通过网络连接技术与互联网进行连接,将传感装置感受到的信息实时地、准确地传递给互联网。由于与互联网的连接,物联网的信息传输也必须遵守互联网的协议。但是物联网又不是互联网的简单延伸。物联网可以是我们平常所指的互联网向"物"的延伸,也可以根据实际需求

组成局域网。比如在我们生活的小区,我们需要创建一个智能、安全的具有物联网功能的小区,而此时的物联网没有必要连接到互联网,只需要连接到小区组建的局域网,即可完成物联网的功能建设。

(3)物联网技术具有智能处理能力

物联网技术不仅包括传感器的连接,其本身也具备对传感装置感受到的信息进行智能处理的能力,并且能够对人、物体等进行实时的智能控制和有效的监管。

物联网是传感技术、信息技术、智能处理的结合。物联网技术根据不同用户的不同需求通过传感器收集相应的信息,然后对收集的海量信息利用模式识别、云计算等各种现代化信息技术进行分析和处理,将处理结果反馈给用户,从而实现实时地控制和监管,物联网对信息的智能处理功能应用在社会发展的各个领域。

3. 物联网在高校建设中的应用

我国对物联网技术的研究早在十年前就开始了,我国物联网的研究水平也位于世界前列。目前,物联网在大学校园中的应用已经初见成效。RFID 技术使用特别广泛,如借阅证、就餐卡、门禁卡等。

我国高校对物联网的研究和应用已经初见成效,从对物联网开设相关课程、建立物联网实验室,到建设物联网智能图书馆,到利用物联网对学生进行有效的管理,最后利用物联网技术建设平安校园,物联网技术的应用已经在高校逐步展开。

(1)教学领域的应用

高校信息建设的核心是教育信息化建设。目前我国高校的物联网教学内容主要包括:物联网的基础知识、物联网的原理和核心技术、物联网技术开发和行业应用等方面。

在教学领域,除了高校已经成立物联网研究学院,开设了相关专业,还可以通过物联网技术提高高校教学质量。影响教学质量提升的一个关键因素,就是教师和学生之间缺乏沟通,教师无法及时地掌握学生的学习情况。现在可以通过物联网,给学生配置一个带有传感功能的装置,及时地向教师传递学生的学习感受和心理变化,教师再根据接收到的信息及时地调整教学进度,从而加强与学生的及时交流和沟通,提高教师的教学质量。

为了让学生更好地掌握物联网知识的理论,提高学生对物联网在其相关行业的实际开发和应用能力,部分高校已经开始建立物联网综合仿真实验室。学生通过物联网仿真实验室掌握物联网基础知识、物联网核心技术的应用,通过学习物联网核心技术开发和提出相应的解决方案,让学生进一步掌握物联网的知识和应用能力,激发学生对物联网的兴趣,将高校理论教学应用到实践。

（2）建立高校智能图书馆

目前在我国的高校对于物联网中另一个核心技术——RFID 技术的应用研究已经越来越普及。物联网中物与物之间的信息交换,其实质就是利用 RFID 技术,通过网络信息传输实现物品的自动识别和信息交换。部分高校已经利用物联网 RFID 技术建设高校智能图书馆。

随着高校的发展,高校的规模不断扩大,图书馆的藏书量逐年增加,传统的图书条码使图书的归纳、整理、查找变得相当繁琐,浪费了大量的时间。如今部分高校利用物联网技术建设了高校图书馆智能管理系统。通过物联网 RFID 技术的应用,在图书馆的每一本图书上放置一个 RFID 标签,图书馆工作人员只需将贴有 RFID 标签的图书信息录入图书馆智能管理系统,然后再在图书背面贴上根据图书类型划分的图书放置的电子标签,这样图书馆工作人员就可以轻松地完成图书归纳和以后的整理工作。同样,高校的教职员工、学生可以通过图书馆智能管理系统的检索功能迅速查找图书所放置的位置,然后通过图书馆智能管理系统的自助服务系统完成借阅、归还操作,凡是通过自助服务系统借阅的图书,能顺利地通过图书馆的安全门禁系统,从而完成自助借阅、归还功能。

高校基于物联网RFID技术建立的图书馆智能管理系统,不仅大大提高了高校图书馆工作人员的效率,简化了教职员工、学生查阅、借还图书的程序,而且也丰富了高校图书馆文献资料,为高校提升教育质量提供了良好的信息环境。

（3）物联网在高校管理中的应用

物联网在高校管理中的应用目前应用最多的是对学生的管理、后勤服务、安全管理。

①学生的管理

学生管理是高校管理中最为重要的管理任务,学生的安全是第一位的。随着物联网传感技术、RFID技术的出现,学生管理将比过去变得更加可靠。学生入校时,高校可以在学生的"一卡通"设备上添加RFID标签（没有"一卡通"系统的高校可以使用学生证）,对学生的位置进行实时监控,当学生进入危险区域时,管理系统会向学生发出警告并及时通知高校的安保部门,减少高校学生发生事故的可能,最大极限的保证学生的生命安全。除了对学生进入危险区域进行预警外,高校可以通过对学生的实时位置监控,统计学生按时上课、晚上回到寝室的人数,方便对学生的日常教学管理。

②后勤服务管理

利用物联网核心技术对高校后勤服务管理同样也是物联网技术在高校建设中的重要应用。利用物联网核心技术中的传感技术实时对教室环境进行实时监控。通过在高校的每个教室中放置传感装置,实时对光线、温度等教室环境进行检测,并根据先前设定的参考数值自动调节教室的光线强弱,空调风扇等设备。同样,高校可以利用物联网的核心技术对高校日常运行设备,比如日光灯、电梯、电脑、水电气设备等日常运行的设备进行实时监管,当处于无人状态时,自动关闭设备,当需要运行时,自动运行设备。不仅对设备进行有效、合理的管理,并且节约了高校的运行经费。

③安全管理

如今高校的面积越来越大,进出学校的人数越来越多,学生人数逐年增加。高校的安全压力也日益增大。平安校园系统主要由设在校园围墙上的检测装置(如红外收发器、振动传感器、接近感应线等)、报警器及设在终端控制室的报警控制主机等构成。在布防状态下,一旦发现有非正常方式、时间、路径企图跨越围墙,马上报警。

利用物联网技术建立的重点区域的门禁系统,也可以保护高校设备、人员的安全。当安全系统发出危险警告时,会对人员进行预警或者关闭门禁系统,以致财物、设备不能拿出校园。

4. 物联网在高校信息化建设中的优势和问题

(1)物联网在高校信息化建设的优势

综合物联网在高校信息化建设的应用,总结出物联网在高校信息化建设的优势如下:

①增加了师生之间的交流与互动,让教师及时掌握了教学进度和难易程度,从而提高高校教学质量。

②建立高校智能图书馆,不仅提高了高校服务效率,还丰富了高校图书馆文献资料,为高校提升教育质量提供了良好的学习、信息环境。

③不仅对设备进行有效、合理的管理,并且节约了高校的运行经费。同时,使我国高校变得更加安全。

（2）物联网在高校信息化建设中存在的问题

虽然我国物联网研究和建设水平处于世界前列,但由于物联网技术的应用和研究还处于初级阶段,物联网在高校信息化的建设应用也处于刚起步阶段。即使部分高校已经开始开设物联网专业和课程,但对于物联网的研究,特别是对于物联网在相关行业的研究和开发机会有限,也制约了物联网在高校信息化建设中影响。

此外,物联网技术应用本身也有待完善。比如,物联网的应用需要现代信息技术、互联网、云计算的支持,这三者都处于高速发展的阶段。另外物联网的技术接口不统一,物联网的安全性偏低等问题都制约了物联网、物联网在高校建设中的发展。

第二章　高校学生管理工作

第一节　高校学生管理工作的指导思想和基本原则

一、高校学生事务管理工作指导思想

（一）坚持以马列主义重要思想为指导

马克思主义由马克思主义哲学、马克思主义政治经济学和科学社会主义三大部分组成。马克思主义哲学是无产阶级认识世界、改造世界的世界观和方法论,是马克思主义全部学说的理论基础,它所阐述的唯物辩证法和唯物史观,是代表先进生产力的无产阶级的世界观、人生观,是科学的世界观、人生观;马克思主义政治经济学,是运用辩证唯物主义和历史唯物主义研究社会经济生活,主要是研究生产关系及其发展规律的科学;科学社会主义,则是运用辩证唯物主义和历史唯物主义与政治经济学研究社会发展过程和无产阶级解放斗争所得出的科学结论,是关于阶级斗争、无产阶级革命和无产阶级专政、社会主义建设并进而实现共产主义的科学理论。马克思主义是一个完整的科学理论体系,是在实践中产生,并随着时代的发展而不断发展的科学理论。

（二）坚持解放思想、实事求是、与时俱进

解放思想,就是在马克思主义指导下,打破传统习惯势力和主观偏见

的束缚,研究新情况,解决新问题;实事求是,就是一切从实际出发,理论联系实际,充分发挥主观能动性,努力探求客观规律,以达到主体与客体的历史地、具体地统一;与时俱进,主要是指人们的思想观念、意识形态、行为方式要随着社会的发展、时代的变化而不断发展变化,与时代的前进步伐保持同步。

解放思想、实事求是、与时俱进,三者是内在统一、一脉相承的。实事求是的要求就是解放思想,解放思想是实事求是的前提和条件,观念僵化和思想保守永远不可能达到实事求是;而与时俱进则是解放思想和实事求是的结合和统一,它既要以实事求是为前提,又要以解放思想为条件。与时俱进,不是盲目地乱进或急躁地冒进,它是建立在实事求是的基础之上,没有对实际情况全面、深入、透彻地了解,没有对客观规律切实地把握,就不可能做到与时俱进;如果思想不解放,总是受传统观念和习惯势力的影响和束缚,就会故步自封,循规蹈矩,一个党,一个国家,一个民族,如果一切从本本出发,那它就不能前进,它的生机就停止了。解放思想、实事求是、与时俱进,是中国共产党在不同历史时代条件下所取得的思想智慧精华,是总结长期革命和建设经验的宝贵精神财富,是马克思主义的精髓,是中国当代的马克思主义,体现了我们认识世界和改造世界的根本要求,是我们探索改革开放和社会主义现代化建设规律,特别是完善社会主义市场经济体制过程中必须遵循的思想认识方法和原则。

因此,在当前国内外形势错综复杂,社会发展突飞猛进,新事物、新观念、新思想层出不穷的情况下,高校学生事务管理工作就应充分体现时代性,学生事务管理工作者应解放思想、实事求是、与时俱进,了解时代发展的特点,更好地把握社会发展的方向,完成时代赋予学生事务管理工作的历史使命。

（三）坚持以人为本，贴近实际、贴近生活、贴近学生

以人为本，是马克思主义的基本观点，是马克思主义关于未来社会的本质规定。马克思、恩格斯依据唯物史观的伟大发现，从活生生的人、历史行动中的人出发，深刻揭示了人类存在的真实本质：人就是人的世界，就是国家，就是社会，人类发展的目标在于通过人并且为了人而对人的本质的真正占有，是人以一种全面的方式，占有自己的全面本质。

以人为本，从根本上说，就是要坚持以人为中心，把人摆在第一位，以促进人的全面发展，或者说就是以人为基础，以人为前提，以人为动力，以人为目的。高校是社会的有机组成部分，是造就有理想、有道德、有文化、有纪律，德智体美劳全面发展的社会主义建设者和接班人的重要场所。学生事务管理工作的根本任务就是培养学生的自觉性，调动学生的积极性，激发学生的创造性，这就要求高校学生事务管理工作以人为本，更多地关注学生的需要，更好地尊重学生、关心学生，一切要以学生为本，一切为了学生、为了一切学生、为了学生的一切，弘扬学生的主体性和价值性，把学生的健康人格、自由、平等、幸福和全面发展作为学生事务管理工作的终极目标，培养学生公平、宽容、诚信、自主、自强、自律的意识和观念。

1. 把人本理念贯穿在学生事务管理工作全过程

学生事务管理工作每个环节每个方面都对学生存在影响，要培养全面发展的人，必须把人本理念贯穿在学生事务管理工作全过程。

第一，制度设计人性化。高校学生管理工作是依靠一整套规章制度来实施的，规章制度一旦制定就具有刚性，谁违反了谁就会受到处罚。学生管理工作要以人为本，就必须在制度设计初始贯彻人性化理念，要体现人性化思想,要合乎学生身心发展规律,符合人才培养模式,而不能走向反面,即压抑学生个性发展。高校学生规章制度设计要体现人性化思想,可充分吸收管理客体参与,听取他们的意见,还可以采取类似听证的办法,扩大制度设计的参与面,并且在执行过程中如发现不合理的地方应及时修订。

第二,管理手段和方式人性化。手段和方法是制度的操作层面,好的制度还要靠良好的手段和方法执行,方能发挥好的效果。通常来看,学生管理手段有教育手段、激励手段和行政处分手段,管理手段的选择要以人为本,教育手段和激励手段应是我们主要的管理方式,而处分手段则是前面两者的补充。凡是经教育能改正的,尽量不要处分,即使是非处分不可的,也要尽量给学生一个改错的机会。高校的管理手段还要多用正面激励方法,少用批评方法,这样可能效果会更好。

第三,管理过程人性化。管理活动是一个过程,人性化更多的是体现在管理过程中。在管理过程中,管理者与被管理者要平等地交流沟通,这是人性化的重要体现。在管理过程中,要建立学生参与制度,要建立畅通的反馈渠道,保证学生说话的权利;要坚持公开、公正和公平,凡与学生相关的规章制度都要让学生知晓,凡与学生利益相关的事项要实行公示制度;要注意保护学生的自尊,充分考虑到学生的隐私。

2. 把尊重学生作为工作的前提

要把学生作为独立的成年个体对待,学校及各部门与学生是一种平等的关系。学生可通过不同途径参与学校行政,学生代表参与学校的决策和管理事宜。根据学生个性和需求的多样化,把了解学生作为工作的出发点,以学生的需要来确定服务的内容和形式,进而增强工作的针对性,提高服务质量。主动倾听学生的意见,搜集学生的意见,从学生反馈的意见中发现工作中存在的不足和问题,明确亟待改进的方面。保持与学生密切的关系,了解学生的校园生活,了解社团的建设了解学生每一时期的热门话题和思想状况,为更好地服务学生奠定坚实的基础。

3. 管理要服务于学生

学校的教学与管理以学生为对象,离开了学生就没有学校,这决定了学校工作要服务于学生应成为管理的内容之一。学生不仅是通常意义上的受教育者,同时也是教育服务的消费者,学生不仅开始思考所接受教育服务与他们所支付的学费是否等值的问题,而且开始以消费者的身份主动要求学校提供更符合他们需要的教育服务。这就要求高校学生管理工作要与时俱进,更新观念,从管理学生向服务学生转变,增强服务意识,更多地着眼于为学生发展提供服务,从一切为了学生,为了一切学生,为了学生一切的目的出发,为学生诚心诚意办实事,尽心尽力解难事,实心实意做好事。

二、高校学生事务管理工作的原则

(一)法制性原则

在很长一段时间内,高校和学生之间的关系具有强烈的权力关系色彩,学生只是消极的被管理者,学校对学生的管理,尤其在纪律惩戒方面,拥有较大的自由裁量权,高校与学生之间的地位是不平等的,学生的正当权益没有得到充分重视。随着我国实施依法治国,全面推进依法治校的深入,高校学生事务管理工作必须依法实施,高校管理权要规范合理使用,对学生的利益和权利要给予充分保障。这既是学生事务管理工作的基本要求,也是学生事务管理工作的基本职责。

1. 学生是不受任何怀疑的法律主体

学校与学生不仅是一种教育与被教育的关系,而且是一种服务与被服务的关系,更是一种主体与主体的法律关系,这种法律关系主要包括行政法律关系和民事法律关系。但在这种基本法律关系中,学生均处于弱者地位,因此必须坚持以人为本,切实把学生作为权利主体,公正地、平等地处理与学生的关系,使学生作为法律主体得到彰显,以保障学生的合法权益得到实现。同时在学生管理中公正地、平等地善待每一个学生,尊重学生权利,坚持做到有管有放、有宽有严,为学生的全面发展创造最佳条件。

2. 建立完善学生管理的各种规章制度

规章制度不能与国家的法律、法令相抵触,而且要照章办事,违规必究。同时在制定校纪校规时必须坚持民主思想,开辟各种民主监督渠道,让学生通过各种形式发表自己的意见。学生可以通过参与讨论,通过学生组织,或直接向相关部门表达自己的主张,参与有关管理制度的制定,还可以向上级教育行政部门反映。作为学校管理者,要依法对学生进行管理,严格依照法律和规章制度办事,消除长官意志,自觉用法律法规来规范自己的言行,尊重和保护学生的权利,同时要在依法管理中充分体现人文关怀和人文精神,充分尊重学生的主体地位、人格和权利,为学生的全面发展创造最佳条件。

3. 遵循管理正当程序,畅通诉讼渠道

要通过正当程序管理过程,规范权力的运行秩序,使权力的行使遵循符合法治精神的规范步骤和方式,避免管理运行的无序性、偶然性和随意性,保证管理行为的合法性和高效性。没有正当程序,受教育者在学校中的机会平等是难以实现的,其合理的请求权、正当的选择权和合法的知情

权就难以得到保障和维护。为此,要改变过去的"重实体、轻程序"的做法,明文规定符合现代法治精神的严格程序,如原告的申诉、举报程序、调查程序、专门委员会听证并作出处罚前建议的程序、被告辩解和申诉的程序、具体实施处罚的程序等;要规定有效证据的范围,包括有关物证、证人签名的证言、有关单位的综合材料、违纪学生的检查书等;要引入事前的正式听证程序,尤其是涉及学生重大权益的处理决定作出前,应听取学生或其代理人的陈述和申辩,要给学生自我辩护的机会和对有关事实和证据的质认权、确认权;要明确处罚通知送达的期限和送达回证期限,完善学生申诉制度,明确受惩戒学生的申诉期限、时效和学校受理申诉的机构、申诉条件及学校行政决定的合理期限,保障学生的申诉权落到实处。

(二)教育与管理相结合原则

教育要着眼于人的思想,使学生形成一定的政治观念、法律观念和道德观念等,管理的目的在于规范学生的政治行为、法律行为和道德行为。教育是通过内在的思想来管理人,管理是通过外在的约束来教育人。教育之中有管理,管理之中有教育;教育贯穿于管理工作的始终,管理工作有赖于教育提供条件和支持;有时管理的过程就是教育贯彻落实和深化的过程,有时教育的方法和手段,又是以管理的形式表现出来。教育和管理犹如人的两只手,两者相辅相成,缺一不可。高校学生事务管理工作既不能只教育不管理,也不能只管理不教育,而是要既重视管理,又重视教育。一方面,管理一定要以正确的教育为基础,没有教育,没有循循善诱地分析,没有动之以情地说理,管理就让人难以接受,甚至让人产生反感、抵触情绪,当然也就难以发挥作用。因为管理活动的展开和管理目的的实现要通过教育奠定思想基础。高校学生事务管理工作的对象是掌握一定科学文化知识的具体的人,只有通过教育提高学生的思想认识和觉悟,使他们在较深层次上明确管理的目的和意义,才能提高他们遵章守纪的自觉性和主动性,以利于管理活动的顺利进行和管理目标的成功实现。否则,即使管理制度再完善,手段再先进,措施再周密,效果也不会好。另一方面,教育也要通过管理来实现。思想是行动的先导,行动要靠管理来规范。教育不落实到管理上,就无法使人们在接受管理的过程中受到教育和熏陶,教育也就失去了意义。要把教育工作的内容和要求渗透到管理之中,赋予教育更多的硬性约束;同时,管理之中要体现教育精神,提高管理者的人文素质,赋予管理更强的教育功能,这样互补互促,达到塑造人、引导人、规范人的目的。

(三)平等性原则

平等性原则,既是社会主义民主制度的根本要求,也是高校学生事务管理工作自身的客观要求。在高校学生事务管理工作过程中,能否坚持平等性原则,主要取决于高校学生事务管理工作者是否能正确处理与学生的关系。

现代控制科学的理论认为,建立施控系统与被控系统之间的同步平等的关系,是最优控制关系,这种最优控制关系可以取得最佳控制效果。因此,在学生事务管理工作的过程中,建立学生事务管理工作者与工作对象——广大的青年学生之间的平等关系,是最优的控制关系,它可以使二者之间相互协调、相互配合,形成工作过程中的双向传导结构。这种结构,不仅有学生事务管理工作者向青年学生传递信息的通路,而且也有青年学生向学生事务管理工作者传递信息的通路。学生事务管理工作者和青年学生之间没有绝对的界限,学生事务管理工作过程是学生事务管理工作者和青年学生双向互动的过程,这种最优化的教育结构,可以得到最佳的效果。

学生事务管理工作者和青年学生的平等关系,是建立在二者相互尊重基础之上的。学生事务管理工作者必须尊重青年学生,爱护青年学生。学生事务管理工作说到底是通过各种方式向青少年提出这样或者那样的要求。那么要让青年学生按学生事务管理工作者提出的要求去做,首先就要有一个对待他们的态度问题,也就是要以尊重为前提。教育家安东·谢苗诺维奇·马卡连柯说:"我的基本原则永远是尽量多地要求一个人,也尽量多地尊重一个人。实在地说,在我们的辩证法里,这两者是同一个东西,对我们所不尊重的人,不可能提出更多的要求。当我们对一个人提出很多要求的时候,在这种要求里也就包含着我们对这个人的尊重,正因为我们向他提出了要求,正因为他完成了我们向他提出的要求,所以我们才尊重他。"尊重人,主要是尊重对方的人格、思想感情,对对方持信任、关怀的态度。一般来说,学生事务管理者比较喜欢先进的青年学生,而对于落后的青年学生,特别是有一些劣迹或过错的青年学生则往往采取不信任的态度,更谈不上尊重、关心和爱护,这是不公正的。事实上,落后的青年学生更需要学生事务管理者的信任和尊重,来医治他们心灵的创伤。

当代高校学生思想活跃,自我意识、民主意识很强,因此,更应当尊重他们、信任他们,重视他们的意见和要求,这样,才有利于维护同学生之间的平等和谐关系,才能够成功地做好工作。

(四)激励性原则

激励是指调动人的积极性,诱导人的行为,发挥人的内在潜能,促使人们为实现某一既定目标而努力的过程。其核心是激发人的积极性,促使人们持续不断地围绕目标而奋斗,它是人产生内动力的源泉。学生工作需要激励参与其中,激励能够促使学生把外部刺激内化为学生个体自觉的行为,从而改变学生的行为模式,变"要我做"为"我要做",最大限度地调动学生的主动积极性,最终使学生工作取得理想的效果。贯彻激励原则主要体现在以下三个方面。

1. 运用目标激励

目标激励是指教育者设计具体目标,从而调动受教育者积极性的一种方法和手段。目标对人的行为有着规定作用、导向作用和凝聚作用,使人产生方向感、使命感和探索感。美国心理学家维克托·弗鲁姆(Victor H. Vroom)的期望论揭示,目标对于激发一个人的动机具有一定的影响。一个人一旦确定了目标,就会激发出极大的热情,产生强烈的动机,以顽强的意志投入到为实现目标的具体实践中去。学生工作者要指导学生根据自身的兴趣、爱好、个性特点、知识水平和社会的实际需要确定个人行为目标。

2. 运用赏识激励

心理学研究揭示,每个人都有被他人或社会认可的心理需要,这种心理需求一旦得到满足,便会成为一种鼓舞、鞭策、催人奋进的动力,推动个体积极行动。成功能给人带来良好的情绪体验,会增强进取的信心,进一步激发更高尚的动机。反之,失败往往导致不愉快的情绪体验,会使人产生焦虑感、自卑感,丧失完成任务、目标的决心和信心。因此,学生事务管理工作者要少一点批评,多一份表扬,要根据学生的特点、特长,经常为学生提供、创造展示自我才能和体验成功的机会,并对学生取得的点滴成绩,及时给予热情的鼓励和真诚的表扬,使学生获得成功的喜悦心理体验,尝到奋斗的甘甜,从而增强学生进一步奋斗的自信心和自觉性,鼓舞学生的斗志,激发学生的热情,促使学生向新的目标前进,成为追求新的成功再获得奖励的动力与力量。

3. 运用使命激励

加强对学生进行形势政策教育,让学生正确认识到改革开放以来我国社会主义建设取得的伟大成就,正确认识当前中国发展的国际政治环境和背景;对学生进行历史爱国主义教育,使学生认识到落后就要挨打的残酷事实,充分理解个人命运和国家命运紧密相连,息息相关。这样就会使学生增进对祖国、对社会主义、对人民的情感,使学生产生历史紧迫感、民族责任感、社会使命感,认识到自己肩负的历史使命,使学生自觉地把自己的命运和国家的发展联系在一起,从而产生远大的理想、抱负和坚定的信念,形成强大的动力,推动学生发愤图强,积极主动地学习。

(五)继承创新原则

继承优良传统与改进创新相结合,是指在继承学生工作优良传统的基础上,积极探索新形势下高校学生工作的新途径、新办法,努力体现时代性,把握规律性,富于创造性,增强实效性。

学生工作的开展是一个历史过程。历史不能忘,传统不能忘,忘记了历史就会使现实成为无源之水,无本之木,就等于背叛。长期以来,高校学生工作积累了许多成功经验,需要发扬光大。优良传统固然不能忘,但面对新形势、新任务,要增强实效性,充分发挥高校学生工作教育人、引导人的作用,就必须求真务实,与时俱进,不断改进创新。当前,国内外形势错综复杂。一方面,随着经济全球化和世界一体化趋势的不断加强,国家之间的联系日益密切,大量西方文化和价值观念涌进高校校园。另一方面,随着我国改革开放的深入和市场经济体制的建立,经济成分和经济利益多元化、社会生活方式多样化、社会组织形式多样化、就业形式多样化将进一步发展。这使高校学生工作既面临有利条件,也面临严峻挑战。在这种形势下,还是按照过去的方法显然是行不通的。

在高校学生事务管理工作过程中,真正实现继承优良传统与改进创新的有机结合,必须处理好两个方面的问题。

1. 树立平民教育意识

在观念上,随着高等教育事业的不断发展和高校扩招人数的快速增加,我国高等教育已由"精英教育"阶段转向"大众教育"阶段,高校学生事务管理工作者所面对的教育对象也发生了很大的变化:他们不再只是高级中学最优秀的群体,不再只是"社会精英""天之骄子",而是一个十分普通的、正在接受大学教育的公民群体,因此,高校学生事务管理工作必须树立"平民教育"意识,进而提高高校学生事务管理工作的效果。

2. 创新机制

社会变迁与教育对象的变化必然要求高校学生事务管理工作机制有所创新。高校学生事务管理工作机制是指高校学生事务管理运行过程中各构成要素由于某种机制形成的因素联系和运转方式。这个机制的作用受社会经济、政治、文化、心理等机制的影响,也受工作对象——青年学生发展水平的制约。当前,高校学生事务管理工作机制的创新,一是要回归本位,体现人文主义关怀。这就要求高校学生事务管理工作要以热爱学生、关心学生,解决学生学习生活中存在的实际问题和发展学生的创新精神,以及提高学生的思想素质、实践能力为中心而展开。二是要开放、宽容,体现学生的主体性,以充分调动学生的积极性,从而顺利实现高校学生事务管理工作的目标。三是要充分利用现代化工具,形成高校学生事务管理工作网络机制。

第二节　高校学生管理的研究对象、任务和方法

高校学生管理是高校管理系统的重要组成部分,在高校教育改革和发展中占有极为重要的地位,在高校管理研究中具有重要意义。把高校学生管理作为一门科学进行研究,探讨高校学生管理活动的本质与内在规律,促进学生管理工作的科学化、法治化、人性化,推动高校学生管理工作由经验型、传统型、行政本位型向科学型、现代型、学生本位型转变,为中国特色社会主义现代化事业培养合格的建设者和接班人,是广大管理工作者,特别是直接从事高校学生教育管理工作的同志们面临的一个重要课题。

一、高校学生管理的对象和现实任务

(一)高校学生管理对象

所谓管理对象是指"管理活动的承受者"。随着人类认识的深化和管理的科学化、复杂化,不同时期,不同学派对管理持有不同的见解:一是指管理活动所作用的各种具体对象。最初是人、财、物三要素,后增加了时间、空间,成为五要素,最后又增加了信息、事件,成为七要素。二是指管理活动所作用的特定系统,即把管理对象作为由多种因素组成的有机整体。系统与外界环境有信息、能量、物质交流。高校学生管理作为高

等学校管理工作的重要组成部分,其相对应的工作对象无疑是指高校学生,从广义角度来看,这些学生应包括所有在高校求学的学生,即专科生、本科生、硕士生、博士生等,这些人都是高校学生管理活动的承受者。高校学生管理牵涉到诸多知识体系,包括管理学、教育学、青年心理学、政治学、人才学等,因此,高校学生管理是综合性、政策性很强的应用科学。它具有自己独特的研究对象,这个对象就是学生管理活动本质的、内在的联系及其发展变化的规律。对于社会主义的中国来说,学生管理科学是以党的路线、方针和政策为依据,建立在教育科学、管理科学、青年生理心理学等基本理论和丰富的学生管理工作经验的基础之上,研究学生管理的对象、任务原则、内容、方法和规律的一门科学。

高校学生管理作为学校管理的一个重要方面,同其他管理工作一样,都是以教育领域某一方面的特殊现象和规律为研究对象的,它必然要受到教育领域总规律的支配与制约。

因此,它又不同于管理工作的其他类工作,具有相对的独立性。我们只有既认识到高校学生管理工作与其他管理工作的密切关系,又认识到它与其他管理工作的不同特点,才能真正揭示高校学生管理现象本身所具有的特殊规律,使之成为一门具有特性并富有成效的管理工作。

作为一门管理工作,一般而言,总要有相应的学科知识成为其所依循的工作方针,而一门学科的成立必须具备一个必不可少的条件,即它必须具有一套系统的范畴体系。范畴体系既体现了研究的角度,也展示了研究的内容,同时又表明了它与其他学科的关系。因此,准确而恰当地表述高校学生管理学的研究内容,最好的办法是确立这门科学的框架和范畴体系。我们认为,高校学生管理工作要研究的内容应涵盖以下几个方面:

1. 学科理论的研究

包括高校学生管理科学的性质、理论基础、研究对象和领域、主要研究任务、学科的地位和作用,高校学生管理的指导思想和原则,如何对历史的经验进行抽象的概括以纳入理论体系之中,如何移植、融合相关学科的理论,不断丰富、完善和发展高等学校学生管理科学等。

2. 方法论的研究

研究高校学生管理科学的方法论,一方面要研究根本的思想方法;另一方面还要研究具体的管理方法,如思想政治教育管理、高校学生社区管理、教学与学籍管理、实践管理、社团管理、校园文化管理(含网络管理)、奖惩制度管理、社会心理健康与咨询管理、就业管理、学生党员管理与党建管理、学生干部队伍的管理、学生群体性突发事件的应急管理等方面的管理方法与手段。

3. 组织学的研究

高校学生管理是一项系统工程。对高校学生管理的组织领导体制,学生管理队伍的建设、学生管理的现代化趋势等,都必须作更为深入、全面的探讨。

(二)高校学生管理的基本任务

高校学生管理工作的基本任务,不仅包括研究学生管理学的相关体系,即研究高校学生管理工作与活动的知识系统理论,而且更重要的是,这种研究必须着眼于寻求学生管理工作本身所蕴含的特殊矛盾,领悟和把握学生管理工作的运行规律,以更好地运用于学生管理工作的实践之中,有力地推动高校学生管理工作健康有序地发展。概括起来,高校学生管理工作的主要任务是:

第一，坚持马克思主义关于人的全面发展理论和党的教育方针，贯彻党的基本路线，以马克思主义哲学原理为方法论，认真贯彻落实新的《普通高等学校学生管理规定》，遵循党的教育方针和学校的培养目标，为培养全面发展的高素质人才服务。

第二，系统总结我国高校学生管理工作的经验和教训。学生管理是一种既古老又年轻的社会工作，它伴随学校的产生而产生，有着悠久的历史传统和崭新的时代内容。中国共产党早在初创时期就在大中学校开展学生工作，有九十多年学生管理工作的历史，积累了丰富的经验。新中国成立以后，我国的学生管理工作有着许多值得认真研究的理论知识与实践特色，每一个时期都有不同的学生管理工作理论基点和实践探索，这些都是值得我们从事学生管理工作的同志认真学习、探讨、分析和思索的。

第三，批判地继承历史上高校学生管理工作遗产，借鉴国外学生管理工作的经验，吸纳教育学、社会学、政治学、青年心理学、系统管理学、文化学等相关学科的知识理论，构建具有中国特色、符合时代精神的高校学生管理模式。中国是一个历史悠久的文明古国，几千年来，我们的祖先在学生教育和管理中积累了丰富的经验，这是宝贵的历史文化遗产，应当批判地继承，做到古为今用。同时，我们还应大胆借鉴国外高校的学生管理经验，去粗取精、去伪存真、融汇提炼、博采众长，做到洋为中用。这样才能构建起具有中国特色的高校学生管理的理论体系，并以此指导我们的实践，形成高效的、有益于高校学生身心健康和成长成才的学生管理模式。

第四，加强科学研究，注重实践探索，不断发展高校学生管理工作的理论体系，推动高校学生管理工作模式健康运行。尽管学生管理工作有着丰富宝贵的实践经验和悠久的历史传统，但就总体情况而言，它还面临着许多亟待解决的问题,无论是从理论要求上,还是从实践需求上,都需要科学化、理论化、法治化、人性化等方面的规范。因此,作为学生管理工作者,必须加强学生管理工作的科学研究,大胆探索,不断创新,切实把握学生管理面临的新问题、新内容和新特点,努力用新方法、新思路和新手段去适应学生管理的新规律和新形势,使学生管理的理论与方式与时俱进,不断丰富和完善。

第五,以理论创新推动实践创新,促进学生工作的科学化法治化和人本化。虽然高校有办学的自主权,可以根据自身的特点制定符合本校实际的学生管理制度与规定,但这些规定不应与国家的法律法规相悖,不能违背学生的成长规律,不能违背人性特点,不能违背社会主义办学方向与学生全面发展的宗旨。如何体现其管理制度的科学化、法治化和人本化,就有一个理论研究的问题,不仅需要研究法学与青年学的相关理论,还需要研究管理学方面的理论,同时更应注重将管理学、法律学、青年学有机结合起来,形成理论上的创新,推动实践创新。因为,高校学生的管理不是一般的管理,而是一种对青年的管理,这种管理是要将这些有着一定知识的青年培养成德智体美劳全面发展的人才的管理,换言之,这种管理的最高宗旨是要促进学生全面发展,使其成为国家的建设者和接班人。这就使学生管理工作牵涉一系列的理论研究与实践探索,这就是现实交给学生管理工作者的光荣而艰巨的任务。

二、高校学生管理的研究方法

高校学生管理的研究方法,要以马克思主义及中国特色社会主义理论为理论指导,并结合办学育人的实践。在具体实践中,可从以下几个方面研究高校学生管理:

（一）联系的方法

既要注意高校内部的管理问题，又要注意高校外部的管理问题；既要研究宏观管理的现象，又要探寻微观管理的规律。

（二）调查研究的方法

主要重在搜集原始数据，汇集感性经验，通过定量与定性的科学分析研究，提高理论认识，使高校学生管理研究的成果具有实际的数据支撑和理论支持，主要有网络调查、抽样调查、问卷调查和随机谈话调查等方法。

（三）比较研究的方法

主要通过系统研究古今中外学生管理的历史沿革、实践经验和理论见解，进行纵向和横向的比较，发现政治、经济、文化及时代精神对高校学生管理的影响，从中发现其规律，并提升为理论，用于指导高校学生管理，古为今用、洋为中用、与时俱进、推陈出新，以实现高校学生管理制度的创新。

（四）实践的方法

要有大胆试验"摸着石头过河"的勇气：在"实践、认识、再实践、再认识"的循序往复中逐渐掌握高校学生管理的规律，实现从必然王国向自由王国的转化。

（五）个案研究的方法

所谓个案研究方法，就是通过对某一被试验管理工作进行纵向的、长时间的连续观察和实验，从而研究其管理行为产生的结果及发展变化的全过程，总结某些具有规律性的特点的方法，又称"解剖麻雀法"。

（六）对立统一的方法

此方法应注意管理与教育、管理与放松、管理者与被管理者之间的复杂关系。高校学生管理的研究方法不限于此，上述管理方法仅仅是其中几种重要的研究方法。当然,每一种研究方法都有其特点、优势与不足。在研究高校学生管理工作时,应根据时代精神、管理对象变化状况、办学思路的变化、具体地区与当时形势的差别,对不同的研究方法进行选择,有时可侧重其中几个方面的问题,有时可同时采用更多的研究方法,不必拘泥于形式,而是要重视实际效果。

第三节　高校学生管理工作体系的构建

一、高校学生管理工作新体系构建的意义

(一)构建高校学生管理工作新体系的必要性

随着市场经济的建立、社会的发展及高等教育改革的深入,高校的学生管理又面临着难得的机遇和挑战。

1. 构建高校学生管理工作新体系是经济社会快速发展的必然要求

随着市场经济的发展和高校扩招,高校学生管理正面临一系列的转变,如学生工作的部分管理职能正在向服务职能转变;高校学生就业正在由计划分配向自主择业转变;固定学制正在向弹性学制转变;经济困难学生的资助由原来的发放助学金、困难补助向助学贷款和勤工助学转变等。这一系列转变使原来传统的学生管理理念、管理模式问题日益凸显,难以满足市场经济条件下高校发展的要求。而目前与之相适应的新的学生管理理念和模式尚未完全形成,这就为高校的学生管理带来了新的考验。

2. 构建高校学生管理工作新体系是适应信息化时代发展的必然要求

在信息化迅速发展的今天,网络的发展和普及为高校学生管理提供了新的阵地和领域,提高了工作效率,为学生管理带来了难得的机遇,但同时网络也给学生管理带来新的问题。一是由于网络信息的快捷性、丰富性和开放性特点,使学生工作者在获取信息的渠道、时间、数量上与高校学生相比不占明显优势;二是网络的虚拟性、隐蔽性使网络成为有害信息的滋生地和传播地,使高校学生难以判别和抵御,有的上当受骗,还有的沉溺于网上虚拟世界不能自拔,这就为高校的学生管理带来了新的挑战。

3. 构建高校学生管理工作新体系是高等教育改革和发展的必然要求

高等教育的全球化给学生管理提出了更高的要求。在这种情况下,高校学生管理必然要与世界先进高校学生管理接轨,用新的管理理念、管理体制、管理模式来适应时代发展的要求。如何保持主流意识形态的影响、树立健康正确的文化心态,都给高校学生管理工作提出了更高的要求。同时,教学体制改革使学生管理面临新的变革。目前,全国各高校普遍实施了学分制。在学分制下,学生管理打破了学年制整齐划一的教学管理模式,学生管理工作不仅局限于本专业学生,还要管理由选修课程形成的其他专业或其他学校的学生。同时,学生管理除了对学生进行教学和思想生活管理外,还需要帮助学生构造合理的学科知识结构,指导学生由定向学习变为自主选择性学习。因此,学生管理必须实现由学年制下的指令性管理向学分制下的指导性管理转变。

4. 构建高校学生管理工作新体系是适应当代高校学生个性特征的必然要求

当代高校学生多为独生子女,因而对生活的体验和感受不同于以往的学生,他们时代感强,责任意识较弱;自我认同感强,实践能力较弱;参与意识强,辨别能力较弱;主体意识强,团队意识较弱;个性特点强,承受能力较弱。这些特点使学生管理面临着前所未有的挑战:高校学生全新的行为方式和理念与传统的学生管理体制必将产生冲突,如果不及时解决,就会使工作陷入被动。

5. 构建高校学生管理工作新体系是解决高校学生管理工作现存问题的需要

高校学生管理工作现存的主要问题表现为以下三个方面。

(1)高校学生管理工作理念落后

高校学生管理的对象是学生,是具有个体独立意识的人。长期以来,高校学生管理者充当长者的角色,采用行政化的方式,说教训导,削弱了学生的主体地位,强调整齐划一的管理,忽视学生个性的发展。强调制度之于学生的约束和规范作用,忽视了学生判断能力的培养,忽视了学生作为主体的人的存在。若把学生确实看作一个完整的生命体,以此审视目前的高校学生管理工作,不难发现一定意义上学生被简单地视为了"知识容器",被动地接受知识的灌输,被动地接受制度的规约。但是高校学生的身心发展日渐成熟,渴望独立,渴望理解,如果将其单纯地看作无生命的"物"而忽视其自身的主动意识,就会出现适得其反的效果。

(2)高校学生管理工作模式滞后

目前,我们沿用的仍然是传统的管理模式,改动不大。但是在新的形势下,高校学生管理的环境、对象都发生了很大的变化,原有的管理模式呈现出力不从心的疲态。现行学生工作运行体制是以班级为单位的,与学年制相适应。学生基层组织成员相对稳定,学生教育管理体制层次清晰。但是在学分制教学模式下,学生自主选专业、选任课教师、选上课时间、选修业年限,淡化了班级和年级概念,班级成员在时间与空间上具有一定的差异性、流动性、不稳定性。班级的职能也将随之被削弱,班集体的凝聚力也大大减弱。现行学生教育管理基层组织对学生的约束力和影响力下降,已不能达到有效的教育管理的目的,从而使现行的学生工作运行体制难以高效运行。

(3)高校学生管理工作者队伍薄弱

随着高等教育大众化步伐的加快,在校学生人数猛增,高校准备不足,导致教室、宿舍、实验室、食堂、图书馆、活动场地等大量硬件设施无法及时配套,师资队伍也没有得到及时的补充,师生比悬殊。大众化进程对高校学生管理工作最大的挑战是辅导员队伍匮乏。具体来说,体现为以下两个方面:一是学生辅导员队伍数量严重不足;二是学生辅导员队伍质量参差不齐。要解决高校学生管理工作现存问题,迫切需要构建高校学生管理工作新体系。

(二)构建高校学生管理工作新体系的重要性

1. 有利于促进高校学生管理科学化理论的发展

理论是行动的先导。构建高校学生管理工作新体系,有利于进一步把学生管理上升为科学,探索和创新适合我国高校学生管理科学化实践的管理理论和内容,以促进高校学生管理科学化理论的发展。

2. 有利于高校学生管理走上制度化、规范化、现代化的轨道

构建高校学生管理工作新体系,有利于深化学生管理体制的改革,建立健全学生管理机构,明确管理职责,科学制定学生管理制度,加强各项管理活动规范建设,使学生管理的各个环节有章可循;有利于降低学生管理政策的指令性,而增加其宏观调控性,突出管理理论的指导性,重视管理实践的差异性,避免管理行为的盲目性和随意性,使管理遵循规律,步入科学管理的轨道,推进学生管理的科学化实践进程。这样,就可以使高校学生管理走上制度化、规范化、现代化的轨道。

3. 有利于提高各层次管理者的素质

学生管理者队伍的素质水平,是实现科学化、现代化管理的关键。在高校学生管理工作新体系构建的过程中,学生管理者需要加强科学化意识,主动依靠和利用现有的科学方法、现代化科学手段,提高学生管理的有效性。学生管理者必须学会运用科学的方法去分析问题、解决问题,不断地学习管理理论,认识和掌握学生管理的内在规律,掌握现代化管理手段,从经验主义的管理模式中解放出来。

4. 有利于促进学生管理水平的提高

高校学生管理的最终目的,是强化内部管理的运行机制,提高工作效率和效益,促进人才培养。在科学化体系的保证下,学校和学生双方均可以按照有序的活动方式进行,而且活动的双方可以充分有效地发挥其主观能动性,充分发挥学生管理的有效性,从而提高管理的效率和管理水平。

二、高校学生管理工作新体系构建的思考

（一）高校学生管理工作新体系的思想体系

1. 指导思想

在现代社会，以人为本、不断促进人的全面发展，已越来越成为经济社会改革发展的出发点和根本动力。同样地，作为一种深层次的高等教育管理发展理念，以人为本就是在坚持马克思主义的根本哲学立场的前提下，相信人、尊重人、依靠人、发展人、让人积极愉快地进行工作或学习，取得更好的教学效果，实现人的更大发展。这也成为高校学生管理的理论基础。在开展具体工作时，高校应以高校学生为本，把满足高校学生健康成长、终身学习和全面发展的需要，把维护和保障学生的切身利益，作为学生工作的根本目的和出发点，以高校学生全面发展为目标，解放思想、实事求是、与时俱进，贴近实际、贴近生活、贴近学生，努力提高管理的针对性、实效性和灵活性，培养德、智、体、美、劳全面发展的社会主义合格建设者和接班人。

2. 适应新形势，融入新理念

（1）追求卓越的理念

追求卓越是一种优秀的组织文化，它的精神核心是"追求效率，以事业为本"，它与"以人为本"相结合，更好地体现了管理文化内核向学生管理的良性渗透。具有追求卓越的精神，才能创造追求卓越的事业。

（2）民主与法治的理念

当前，在学生管理中，学生要求平等参与涉及自身利益的欲望越来越强烈，我们必须强化学生管理中的民主观念，彰显人文管理精神。因为现代高校学生是一个具有较高素养的特殊社会群体，他们对事物有其独特的认知和判断能力，较少盲从，一般难以接受命令式的管理，更反感管理

者用行政命令的方式来推动管理目标的实现。因此,人文管理应当成为高校学生管理的价值目的。这种管理是要在管理中将学生放到应有的主体地位,使管理工作不仅要做到"为了学生,尊重学生,理解学生",还要做到"依赖学生,满足学生,发展学生",并努力营造平等、民主的人际氛围。这种管理是要在管理中遵从参与和一体的原则,让学生在管理活动中参与选择,参与创造,参与管理,参与决策,参与共建,以增强学生的一体感,从而使管理者和被管理者心往一处想,力向一处使,为实现共同的目的而努力。

依法治校,体现在学生管理制度中,就是要加快推进学生管理的法治化进程,将学生管理全面纳入法治化管理的轨道,以充分尊重学生的人格和权利,客观、公正、全面地考核、评价学生,使学生管理顺畅、有序和谐。首先,高校在制定校纪校规时要注意体现和维护学生的正当利益,表达他们的意志;其次,高校要建立完善的利益表达制度,畅通信息交流的管道,让学生能够充分、有效地表达自己的合理见解,维护自身的正当利益,同时使学生与学生管理者增加沟通,有效提高管理的效率;最后,高校在学生管理工作中应坚持正当程序原则,通过正当程序控制管理过程,规范权力的运行秩序,使权力的行使符合法治精神的规范步骤和方式,避免管理运行的无序性、偶然性和随意性,保证管理行为的合法性和高效性。

（3）"蓝海战略"的理念

"蓝海战略"是针对企业竞争共同提出的。它的提出为企业指出了一条通向未来增长的新路。它要求企业把视线从市场的供给一方转向需求一方,通过跨越现有竞争边界看市场及将不同市场的买方价值元素筛选与重新排序,重建市场和产业边界,开启巨大的潜在需求,继而摆脱

"红海"——已知市场空间的血腥竞争,开创"蓝海"——新的市场空间。"蓝海战略"虽然是针对企业竞争提出来的,但这一理念也给了高校学生工作人员很大的启迪。近年来,随着高教事业的改革和发展,高校学生有了很多新的需求,学生工作和其他工作交叉、渗透和融合更为广泛,同时面临着前所未有的压力和挑战。

"蓝海战略"告诉我们,面对用户不断增长的需求和企业之间的残酷竞争,企业要重建市场和产业边界,要给用户提供更有价值和周到的服务。作为高校学生工作者,面对高校学生更多的合理需求,应大力增加具体有效的服务和发展职能,真正体现对学生的关爱和成长帮扶,解放思想,开拓创新,在工作实践中采取"蓝海战略"的核心思想,由传统的思想政治教育和日常管理工作向集教育、管理、服务和发展于一体的工作领域转变,从高校学生的评价体系、维权助困、心理健康、创业教育等方面寻求学生工作新领域,探索人才培养新思路。

3. 高校学生管理工作新体系设计的目标

高校学生管理工作应在服务广大学生的成才和全面发展上下功夫,要树立以学生为本的工作价值目标观;从学生的内在需要出发,面向每个学生,尊重、关心、教育、引导好每个学生,最大限度地满足每个学生成长成才的需要。帮助学生形成正确的需要层次和需要结构,引导学生把个人的成才目标与学校的教育目标统一起来。高校学生管理工作的目标应包括以下四个方面的内容。

(1)引导和规范学生日常行为

学校通过制定科学合理的管理条例和奖惩措施,规范学生在公共场所的举止,帮助他们养成谦让礼貌、团结互助的习惯,提高其行为的文明程度;通过制定并实施有关安全措施,提高学生自我保护和安全防范意识,规范学生在安全方面的行为,如不在宿舍内违章用电,不在条件不具备的地方进行娱乐活动等,以保证学生的财产安全和人身安全;通过规范学生在社会政治活动中的行为,引导学生树立正确坚定的政治立场。

（2）营造良好的学习和生活条件

高校通过建立学习制度,规范学生的学习过程和学习行为,保证正常的教育教学秩序顺利进行。建立多渠道的奖励机制和手段,对学生进行适时、适度的激励,可激发、调动学生各方面的积极性、主动性和创造性,最大限度地发挥其潜能。通过制定一系列资助措施,为学生提供一定的经济援助,帮助他们解决后顾之忧,促进他们完成学业。同时,高校利用团体管理的经验和优势,可采取一定的管理措施,降低学生的社会生活成本。

（3）培养和提升学生的法治意识

学校通过制定严格的限制性和处罚性制度,可以有效地抑制、约束学生的不良行为,也有助于培养学生的法治意识,为他们成长为合格的社会公民奠定良好的基础。

（4）提高学生自我管理能力

通过引导、组织和督促学生及学生组织实现有关管理目标,为学生提供自我锻炼机会,有利于学生的全面成长。实践证明,科学、合理、符合学生特点的管理制度和细致入微的管理教育,可以调动学生自觉参与管理的积极性,从而达到提高学生自我管理能力的目的。

（二）高校学生管理工作新体系的内容体系

高校学生管理的内容体系主要包括高校学生日常思想政治管理、高校学生日常行为管理和高校学生日常事务管理三个部分。

1. 高校学生日常思想政治管理

高校学生日常思想政治管理主要是指学校管理部门根据高校学生成长成才的需要,通过一定的工作机制和程序,有计划、有步骤地开展各种学生党团组织活动,对高校学生的是非观念、人生态度和政治倾向进行引导的过程。例如,通过举办党团培训班,培养和选拔学生干部、吸收先进青年加入党团组织等。

2. 高校学生日常行为管理

高校学生日常行为管理是指通过制定相应的规章制度,对学生个体和群体的行为进行引导和调整,以保证教育实施过程能正常顺利实现的过程。通常表现为对学生严格遵守法纪校规、好人好事、见义勇为等积极行为进行肯定和鼓励,对不文明、不健康的消极行为进行否定和惩处。

3. 高校学生日常事务管理

高校学生日常事务管理是指学校承担的与学生有关的非学术性的或课堂外的工作,它是高校学生管理工作的重要组成部分。它包括高校学生学习、生活和其他方面的管理,如奖助学金的评定与发放、荣誉称号的申请、入学(或离校)手续的办理、学生社区建设管理、财政援助管理和特殊学生的管理等多方面的内容。

高校学生日常事务管理是专门化程度较高的专项工作,它在很大程度上体现出一所大学的办学理念和办学水平。尤其是随着我国高等教育改革的不断深入,高校招生规模不断扩大,收费制度、就业制度逐渐社会化、市场化,学生的主体地位进一步凸显,主体意识、权利意识进一步增强,个性化需求日益增多,各种新问题不断增加,给高校学生日常事务管理提出了新的要求。

（1）高校学生日常事务处理的规范化

高校要认真贯彻国家相关高等教育法律法规,严格执行《普通高等学校学生管理规定》,按照"规范、科学、高效"的要求,努力提高学生事务的处理能力,处理各种学生事务及时、规范;进一步建立健全学生突发事件的处理机制,切实做好学生安全与思想稳定工作;重视学生管理的过细工作,建立学生信息沟通和反馈机制,及时掌握学生的思想动态,对学生群体性思想情绪有预判并及时进行引导。

（2）高校学生日常事务管理机构的专门化

高校要成立学生事务管理中心,建立和完善相关的工作机构和工作职能,把服务学生作为首要任务,树立"管理也是为了更好地服务"的思想。

（3）高校学生事务管理者的专业化、专家化

尽快建立起一支以职业型、专家型为主的学生事务管理工作队伍,确保高校学生事务管理工作走上正确轨道。要像关心和培养教学和科研队伍那样注重学生管理者实际业务水平和学历层次的提高,加强学生工作者教育学、心理学和精神病学等方面的系统化、专业化培训,加强职业道德建设,使广大学生事务管理工作者不仅能够热爱学生工作,而且能够把学生工作当作自己终身的事业来做,走上职业化、专家化的道路。

（三）高校学生管理工作新体系的服务保障体系

服务保障体系突出心理辅导和突发事件预防两个重点。

第一,加强高校学生管理工作必须充分发挥心理辅导的作用,不断提高学生的心理素质,培养健康的个性心理品质、较强的心理调适能力和

适应社会能力,从而帮助学生实现健康和谐地发展。建立并完善学校、学院、学生"三位一体"的三级工作体制。一是学校成立高校学生心理健康教育中心,主要开展心理健康普查、建立心理健康档案,负责开设心理健康教育系列选修课、心理咨询门诊、开展团体心理训练等。二是在各个学院建立院级心理辅导站,主要解决学生发展过程中遇到的心理困扰问题,起到承上启下、衔接沟通、强化教育效果的作用。三是在学生中成立高校学生心理卫生协会,加强对心理健康知识的宣传,提高学生心理健康知识水平和心理健康自助能力,充分发挥学生自我教育、自我宣传的作用。"三位一体"的工作体制有助于充分调动教师,特别是学生工作干部参与学生心理健康教育工作的积极性,从不同层次、不同侧面去解决学生可能遇到的心理困惑和问题。同时,加大了工作力度,扩大了工作受益面,提高了工作效率,完善了心理危机的预警机制,增强了危机干预力度。

第二,建立预防突发事件的长效机制是学生管理工作应该重视的基本工作之一。处理安全稳定事件主要包括预防和处理两个方面,预防的目的是阻止事件发生,而处理是要使发生的事件能够被控制、解决,把影响、损失降到最低程度。预防比处理要积极、主动,学生工作中要更加强调预防。当前的工作重点应是推行安全、稳定工作的长效机制建设,即将其纳入规范化的管理渠道实行预案管理,总结出带有多发性质的突发事件的类型和处理事件的一般原则及相应的特殊需要,进行组织建设和制度建设,明确工作规范,建立维护安全和稳定的长效机制。这是现代管理的要求,也是做好学生工作、保证学生健康成长和顺利成才的需要。

(四)高校学生管理工作新体系的考核评价体系

高校学生管理工作评价是指对管理工作的效果做全面检验和鉴定。

它是学生管理工作体系的重要组成部分和基本工作环节,其作用在于能够让学校和有关职能部门全面了解和掌握各院(系)学生管理工作的状况和水平,总结学生管理工作的经验,探索学生管理工作的内在规律,加强对院(系)学生工作指导,使学生管理工作进一步向科学化、规范化、制度化发展,不断提高学生管理工作水平。

科学合理的考核评价体系,应包括以下三个方面的内容。

1. 考核评价的指标体系

依据高校学生工作的目标和构建高校学生工作评价体系的基本原则,学生管理工作评价指标体系一般可由日常事务管理工作、文明行为管理、学生宿舍管理和学籍及违纪管理四个一级指标组成。每个一级指标又可分为多个二级指标,每个二级指标又可设置多个观测点,使其涵盖学生管理工作的方方面面,以便具体考核评价。

2. 考核评价的结果体系

考核评价结果是对各项指标完成情况及效果的评定,可分为优、良、一般、较差和差五个等级,每个等级均有相对应的标准。

(1)优:能圆满完成各项观测指标,各个观测点反馈的信息都能与预期计划相一致,特色工作明显。

(2)良:能较好完成各项观测指标,各个观测点反馈的信息都能与预期计划大体上一致,特色不太明显。

(3)一般:基本能完成一级观测指标,二级指标落实效果一般,各观测点反馈的信息都能与预期计划基本一致,无特色。

(4)较差:一级指标、二级指标均只能完成小部分,各观测点反馈的信息都不能与预期计划相匹配。

（5）差：各项指标均不能完成。

3. 考核评价的激励体系

激励既包括激发、鼓励以利益来诱导之意，也包括约束和归化之意。它包括正激励和负激励，即激发和约束两个方面的含义，其中奖励和惩罚是两种最基本的激励措施。因此，我们在对学生管理工作进行评价的基础上，应辅之以相应的激励，使各层学生管理机构、组织及相关人员的积极性得以充分调动和激发，促进管理目标又好又快地实现。

激励的种类通常包括薪酬激励、事业激励、机会激励和文化激励四种。薪酬激励是指通过金钱财富来满足人们的需要，从而达到激发内在动力的目的；事业激励是指通过提供更多的个人发展空间和机会来激励人们；机会激励是指通过工作行为本身使人们在一定程度内得到满足，产生一定的激励作用，如从事自己感兴趣的工作，这一"行为"本身就具有较强的激励作用；文化激励是指通过文化的熏陶和渗透会引发人们更高层次的心理满足，产生一定的激励作用。

三、高校学生管理工作新体系构建的实践

（一）搭建法治保障平台，构建和谐的育人环境

高校要转变观念，树立法治精神和维权意识，真正做到依法治校，注意尊重和保护学生权利。

1. 大力加强高校学生的法律意识教育，使它贯穿于高校学生的整个学习阶段

这不仅仅是为了提高高校学生遵守校规校纪的自觉意识，方便学生工作者对高校学生在校期间的管理，其更深远的意义在于高校学生法律意识的增强，有利于学生在校期间对高校依法办学的监督，从而推动高校

依法办学的进程,为高校学生打下牢固的法律基础,养成良好的学法、守法和执法习惯,为他们毕业后步入社会发挥引导和示范作用,为推进整个社会法治化建设进程创造条件。高校学生管理工作者必须学法、懂法,重视强化自身的法治观念,增强法律意识。无论日常的教育、管理和服务,还是处理学生违纪问题,都依法行政,依法育人,提高处理法律问题的能力,真正把教育、管理学生与维护学生的正当权益结合起来,既严格教育、管理学生,又尊重和平等地对待学生,依法保护学生的合法权益。尊重和维护学生的权利,对高校管理行为进行必要的限制。

2. 依法修订完善高校有关学生管理的规章制度

高校在修订完善学生管理规章制度时,应当以法律法规为基础和主要依据,同时兼顾高校学生作为国家公民应当享有宪法赋予的其他权利。在修订完善已有的规章和条例时,既要继承和巩固过去行之有效的优良传统,保持有关学生管理规章制度具有相对连续性、稳定性和一致性,也要为今后的发展创造良好的法律环境,充分保护高校、学生的合法权益,真正体现法律的权威性。此外,国家的有关法律法规大多数是原则性条款,需要校方在执行中细化,而细化的原则既要考虑高校管理学生的需要,又要不违反国家法律赋予公民的权利。因此,高校在细化的过程中不能超越法律法规的授权范围而"随心所欲",随意剥夺学生依法享有的权利或人为增加学生应履行的义务。同时,各项规章制度的出台应遵循一定的民主程序,广泛吸纳各方面的代表参与讨论,通过一定阶段的试运行再进行完善修改,进而正式施行并告知全体学生(如公告、写入学生手册等)。

3. 规范学生违纪处理程序

对违纪学生的处理不仅要实体上合法,而且要程序上合法,使惩戒权的行使遵循符合法治精神的规范步骤和方式,避免工作运行中的无序性、随意性和偶然性。一是处分前程序:应加大宣传力度,使学生熟知有关规章制度,真正使遵纪守法的观念深入人心。二是处分中程序:学校在对违纪学生作出处分决定之前,应通过口头或书面的形式告知学生对其的"指控"事实,听取学生的陈述、申辩和质疑。申辩的内容是提出自己无违纪行为或行为未达到违规的程度,或应当减轻处分的理由;质疑是指对相关规范引用的合法合理性和证据的真实性提出疑问。无论申辩或质疑,都应保留书面记录。处分决定以学校名义出具文本,内容包括违纪事实、处分依据和处分决定,并送达被处分学生,同时告知被处分学生申诉的权利和时效,并请被处分学生签收以作为送达的证据。如果没有实际送达并告知处理决定,则处分视为无效。三是处分后救济:学校成立由学校负责人、教师代表和学生代表组成的学生申诉处理委员会,专门受理学生对处理处分决定不服而提出的申诉,并制定学生申诉处理办法。学生申诉处理委员会要认真对待学生提出的申诉,在规定期限内作出复议,并将结果告知被处分学生;如果要改变原处理决定,必须提请学校重新研究;受处分学生如果对复议结果不服,可以向学校的上级主管行政机关提起申诉。

(二)搭建困难资助平台,让阳光铺满成长路

"奖、贷、助、勤、补、免"是高校学生经费管理中的重要内容。随着近年来贷款比例的增加,相当数量的家庭经济困难学生通过贷款解决了个人的学费和生活费问题,学校增设的勤工俭学岗位又帮助他们解决了生活费用的不足。近年来随着国家对教育投资的增加,学生奖学金提高比例增速很快。大量学习优秀的学生得到了激励,经济困难家庭学生得到了国家的资助,确保了不让每个学生因为家庭经济困难而输在起跑线上。学生的参与意识、竞争意识、自强意识和求学意识都得到了加强。但是如何将有关经费科学、合理地奖励和资助到学生身上,最大限度地发挥其激励作用,体现了一个高校的管理思想和水平。

1. 完善经济困难学生助学体制

从实际需要出发,采取有效措施,不断完善资助体系,从物质上解决经济困难学生的基本生活问题。这也是解决经济困难学生心理问题的基础和前提。高校要不断完善"奖、贷、助、勤、补、免"等助困制度和措施,在竞争机制的框架下进一步扩大对经济困难学生的奖学金覆盖面,加大奖学金力度;探索设立专门用于奖励优秀学生的奖学金,使其通过勤奋学习获取除国家、市政府资助外较高额度的奖学金。积极争取社会多方面的支持,建立各种"爱心基金",设立多种专项奖助学基金和建立定向委培制度。在充分发挥政府和学校主渠道作用的同时,动员社会团体和个人捐款资助经济困难学生,开展对经济困难学生的"一帮一"活动。积极推行学分制、学历浮动制,减轻经济困难学生的学业负担。允许一部分优秀学生提前毕业。动员社会各界力量,提供更多的勤工俭学岗位。

2. 加强思想政治教育,帮助经济困难学生树立正确的世界观、人生观和价值观

从培养社会主义的建设者和接班人的高度,重视经济困难学生的思想政治教育。充分发挥基层党、团组织和学生社团、辅导员、班主任、任课老师、学生干部等的作用,结合当前经济困难学生的思想实际,认真分析其价值取向、思维方式和心理性格特征,以及由此带来的种种不同行为表现,通过专题讲座、个别谈话、座谈讨论、典型案例教育、演讲辩论赛、主题

活动、班级社团活动、家访等切实有效的措施,帮助、引导经济困难学生树立正确的世界观、人生观和价值观。以理想信念教育为核心,加强爱国主义、集体主义、社会主义教育,教育他们虽然身处逆境,但是要树立远大理想和人生目标,引导他们以积极进取、乐观向上的态度去对待人生,勇敢地面对挑战。加强艰苦奋斗的优良传统教育,引导他们正确消费,倡导勤俭节约的良好风气,自觉抵制拜金主义的影响。加强赏识教育,通过树立和宣传逆境成才的典型来激励经济困难学生,帮助其树立信心。加强责任意识教育,激发他们的热情和勇气,学好本领,坚定报效祖国的信心和决心。加强自立自强教育,转变经济困难学生思想观念,克服依赖心理和不劳而获的思想,鼓励经济困难学生积极走向社会、积极参加勤工助学活动,参与实践,自主创业,运用自己的知识和能力,走自食其力的道路。加强战胜挫折教育,引导他们与挫折抗争,培养耐挫折能力。帮助经济困难学生学会自我接纳,接纳现实,接纳自己,以平常的心态面对困境,采取积极的办法解决生活中的困难。

(三)搭建文化育人平台,建设和谐高雅的校园文化

高等学校校园文化是社会主义文化的重要体现。加强校园文化建设对于推进高等教育改革发展、加强和改进高校学生思想政治教育、全面提高高校学生综合素质,具有十分重要的意义。在文化多元化的社会背景下,我们既要承认和尊重文化多元化的存在,又要在不断融合的文化中寻找契合点,建设和谐高雅的校园文化,进一步优化学生管理工作的氛围。

1. 打造文化精品,创建校园品牌

第一,深入开展校风建设。在充分挖掘学校历史传统宝贵资源的基础上,结合学校发展战略和规划,根据学校办学思想和理念,大力营造崇尚科学、严谨求实、善于创造、具有时代特征和学校特色的良好校园风气。扎实开展师德教育，制定完善师德规范，严格师德管理，加强教师思想品德和学术道德教育，宣传师德建设先进典型，积极建设"志存高远、爱国敬业，为人师表、教书育人，严谨笃学、与时俱进"的优良教风。制定完善高校学生行为规范，严格管理，特别是严格考试纪律管理，营造良好的学习氛围，努力形成勤于学习、奋发向上、诚实守信、敢于创新的良好学风。通过校风建设，在校园树立热爱祖国、决心为建设中国特色社会主义贡献自己全部力量的共同理想和坚定信念，培养自强不息、不怕任何艰难险阻、勇往直前的共同意志和奋斗精神，形成与时俱进、昂扬向上、勇于创新的共同追求和开拓意识。第二，大力加强人文素质和科学精神教育。继续实施"高校学生全面素质教育工程"，把人文素质和科学精神教育融入高等学校人才培养的全过程，落实到教育教学的各环节。

2. 鲜明主题活动，鼓励科技创新

一是精心设计和组织开展内容丰富、形式新颖、吸引力强的思想政治、学术科技、文娱体育等校园文化活动，把德育、智育、体育、美育渗透到校园文化活动中，使高校学生在活动参与中受到潜移默化的影响，思想感情得到熏陶，精神生活得到充实，道德境界得到升华。充分利用"五四"青年节、"七一"建党纪念日、"十一"国庆节、一二·九运动纪念日等重大节庆日和纪念日，开展主题教育活动，唱响爱国主义、集体主义、社会主义主旋律，让高校学生在建设营造高品位的文化氛围中主动思考、理解、感悟，升华人格，完善自我。二是重视学生创新精神和创业能力的培养。深入开展高校学生社会实践活动，设立高校学生科技创新奖励基金，选择有发展潜力和应用前景的项目进行立项，在资金支持、项目指导、成果评选等方面予以重点扶持。

3. 重视设施建设,提供坚实保障

一是重视校园人文环境建设。确定校训、校歌、校徽、校标,提倡高校学生牢记校训、学唱校歌、佩戴校徽、使用校标,激励高校学生热爱学校、刻苦学习。发挥优秀校友在校园文化建设中的独特作用,采取请进来、走出去的方式,用优秀校友的人生经历和感悟、创业历程和成就,激励高校学生立志成才,报效祖国。精心设计、认真组织好开学典礼、毕业典礼、奖学金颁发仪式等具有特殊教育意义的活动,倡导学校领导为每位毕业生或毕业生代表颁发毕业证书和学位证书,激励高校学生勤奋向上、求实创新。二是重视校内文化设施建设。按照有关规定,设计、建设好教学场所、图书馆,完善教学设施,优化学习环境,不断满足高校学生学习成才的需要。规划、建设好高校学生文艺、体育、科技活动场所,完善校园文化活动设施,为开展校园文化活动提供必要的场地和条件。加强校报、校刊、校内广播电视、校园网、学校出版社、宣传橱窗等的建设,发挥宣传舆论阵地在校园文化建设中的更大作用。三是重视校园治安综合治理工作。进一步建立健全责任制,加强高等学校内部安全管理和安全保卫工作,及时处理侵害高校学生合法权益、身心健康的事件和影响学校、社会稳定的事端。积极配合公安、司法、文化、工商等部门对学校周边的文化、娱乐、商业经营活动开展专项整治工作,维护学校正常的教学、工作、生活秩序。

(四)建设专业化、职业化、专家化的学生管理工作队伍

1. 进一步完善辅导员队伍选聘机制

紧紧抓住"高进、严管、精育、优出"四个关键环节,严格选聘标准和选聘程序。严把质量关,把德才兼备、乐于奉献、勤于创造、热爱学生思想

政治教育事业的优秀人才选聘到辅导员队伍中,从源头上保证辅导员队伍的质量。辅导员的配备应坚持以"专职为主、专兼结合"的原则。要严格按照生师比不低于 200 ∶ 1 的比例设置本专科生专职辅导员岗位,保证每个院(系)的每个年级都有一定数量的专职辅导员。

2. 不断加强辅导员队伍的培养机制

着力提高辅导员的职业能力。推行"先培训、后上岗"的准入制,坚持岗前培训、日常培训和骨干培训相结合。辅导员的培训工作坚持日常培训和专题培训相结合、中长期学习与短期培训相结合、学历教育与在职培训相结合,逐步建立分层次、分类别、多渠道、多形式、重实效的培训格局。

3. 明确职责,强化考核,进一步健全辅导员队伍管理制度

按照教育部《普通高等学校辅导员队伍建设规定》,进一步明确辅导员工作职责、工作目标和具体工作要求,使辅导员工作有遵循,干事有方向。建立健全管理评价机制,并将考评结果与职务聘任、津贴发放、各类评比挂钩,对工作不称职的要及时调离工作岗位。通过规范化、科学化、制度化的考评,实现对辅导员队伍的严格要求,严格管理,建立能进能出、竞争择优、充满活力的用人机制。

第三章 互联网时代高校学生管理模式的探索

第一节 创新高校学生管理模式的理念

一、融入开放性的思想

我国现阶段的高等教育已经从原来的精英教育迅速转化为大众化教育,受教育者的求学情况、知识基础与以往相比发生了很大的改变。辅导员和班主任要指导学生正确面对竞争、面对择业、面对压力,引导学生规划人生,培养学生有宽广的胸怀和健全的人格。辅导员和班主任要主动管理育人,提高工作效率和工作水平,创造更好的育人环境和氛围。

(一)建立优秀的管理团队和制度

如何适应时代的要求,培养社会需要的人才,是从事学生管理工作的永恒话题,同时对学生管理领导干部提出了更高的要求。学校高层领导应加强对学生管理工作的重要性的认识,挑选一批思想素质高、工作能力强、具有一定学生管理工作经验的工作人员担任学校学生管理领导工作,经常性地组织并开展对各分校、教学点学生管理领导干部的专业培训,邀请较高水平的专家讲座,全面提升学生管理干部的素质。通过各种方式组织开展校与校之间学生管理工作的交流,请学生管理工作突出的管理人士讲解、传授管理经验,并通过讨论交流,达到共同提高、共同进步的目的。以校本部为载体开辟全校性学生管理工作专项窗口,广泛讨论发表管理体会,创建全校性学生管理专刊,组织系统内投稿,把学生管理工作真正落到实处。

学校应建立导学教师引进、培训、考核、交流的整套制度。完善引进程序,严把入口关,力争把有能力、责任心强的导学教师引进来。建立严格的导学教师培训、考核制度。导学教师应对以现代计算机网络为主的多媒体现代远程教育技术有较深的掌握,能熟练运用计算机网络等媒体技术获取教学资源,并能配合辅导教师进行教学资源的整合,组织和指导学员开展网上答疑、BBS 讨论、双向视频等网上教学活动,利用 QQ 群、微信群、E-mail 等与学员进行日常沟通。完善导学教师的流动计划,打破以往导学教师队伍建设的封闭体系,激活用人机制,拓宽导学教师出口,加强导学教师的交流和提拔,解决导学教师的后顾之忧。

要解决导学教师流动性较强、流失率较高的问题,必须加强导学教师的专业化建设,其中最主要的就是更新观念,尤其是更新领导的观念,全面提高导学教师的综合素质。导学教师在工作了一段时间以后就会积累一定的工作经验,也会认识到自身的不足。如果学校能制定一套完整的培训机制,给他们更多的培训学习的机会,不管是对学校还是对导学教师本人来说都是双赢的。另外,还可以加强导学教师之间的沟通与交流,不断提高导学教师的业务能力,确保导学教师在工作中发挥应有的作用,提高学生培养质量。

(二)注重培养优秀的学生干部

好的学生干部不仅会给其他同学做出榜样,也会分担导学教师的工作重担,而且在这个过程中也锻炼了自己的工作能力。导学教师在选择班干部的过程中要一视同仁,不能因为个别小问题就否定了他们的优点,广泛听取学生和任课教师的意见,综合学生的平时表现民主或择优选拔。对于选出的优秀学生干部,要给予充分的信任和尊重,减少个人干涉,使他们充分发挥个人的工作主动性和能动性。

学生干部队伍应真正发挥先锋模范作用,真正发挥战斗堡垒作用。学校应健全团支部、学生会组织,主动让学生组织成为学校与学生、教师与学生沟通的桥梁,通过民主推荐、个人竞选产生学生干部队伍。结合开放教育类学生的生理和心理特点,通过学生干部开展广泛的思想交流,帮助广大学生树立和培养学习自信心。一方面,肯定广大学生在以往的学习和工作中取得的成绩和付出的努力,使他们充分看到自己的优点和能力。另一方面,采取循序渐进一对一式辅导,对学生遇到的问题进行总结归纳,然后反馈经验。在交流沟通过程中,要注意交流态度,避免出现僵局,挫伤学生的学习积极性;而强硬的交流态度只能引起学生的逆反心理,不仅不会配合教师的教育工作,甚至会放弃继续学习。对个别问题学生要重点关注,找出学生学习动力不足的根源和影响因素,和周围同学、同事努力寻找解决问题的方法,最大限度地激发他们的学习主动性。

（三）通过加强校园文化氛围引导学生的学习和发展

学校应主动提供学生情感交流、培养兴趣和寻求帮助的平台,增进学生之间的交流与沟通,分享成长经验,解答学生疑惑,碰撞智慧思想,传递情感关怀,培养同学友谊,消除学习孤独感,增强学生对学校的认同感、归属感,营造积极向上的校园文化氛围,引导学生的管理、学习和发展。经常性地开展校区、班级之间各种比赛活动,使同学之间互相帮助,增进学生之间的友谊。有针对性地聘请相关行业的专家学者到学校举办讲座,帮助学生树立明确的学习目标,增强学习的针对性。

二、提升教育服务意识

现代教育以促进人的现代化和主体的全面发展为中心。主体性、发展性是现代教育的本质规定。基于此,现代教育倡导"教育是一种服务"的教育管理理念。该教育管理理念强调教育者(教师)以满足受教育者(学生)个性发展,为受教育者创造全面发展和主体生成的情境和条件。该教育管理理念概括了当今教育的经营态度和思维方式。在如何开展教育管理和教育活动问题上,相对于传统的教育管理理念,"教育是一种服务"的教育管理理念(以下简称"教育服务理念")具有自身的特点。

一是教育服务理念体现了现代教育"以人为本"的精神,突出了主体的生成和主体性发展,以培养现代主体人格为根本。它直接着眼于人和人的发展。

二是教育服务理念下的教育管理活动是教育者与受教育者互为主客体、主体间的对象性活动,是在教育者的组织领导下,教育者与受教育者共同参与的活动;是教育者的启发、引导、指导与受教育者的认知、体验、践行的互动;是教育者的价值导向与受教育者自主构建的统一的活动;是教育者与受教育者的相互教育与自我教育、教学相长的活动。

三是教育服务是现代教育管理的整体特征,它不是教育活动的某个阶段或某个部分、某个方面的特征。作为现代教育的根本指导思想,它贯穿于教育管理活动的始终和教育管理活动的各个方面。

教育服务理念对于高校的改革、建设和发展有以下作用。

(一)教育服务理念为改革高校学生管理提供内部驱动力

高校的教育理念是培养人、改造人、塑造人,这具有很大的合理性和教育价值,但是怎样操作和实施,人们往往受一种片面的理念所指导。长期以来,人们一直将学生作为工作对象来加工,将教育完全观念化,以至于我们不能正确理解教育与社会、教育与个人发展之间的关系,使我们的许多教育政策与决策缺乏科学的基础。

树立高等教育服务理念,能够促使高校树立责任意识、市场意识和竞争意识,促使他们关注社会与受教育者的个人教育服务需求,推动高校自觉自主地进行改革,把握市场动向,完善服务体系,增强效益意识,提高服务质量。来自管理者自己对这种改革的需求和认同是改革高校学生管理最主要的动力。可以说,没有管理者对这种改革的深刻理解,没有管理者对学生管理的热情参与,没有管理者对学生管理的积极投入,要转变学生管理理念就十分困难。要求高校学生管理者树立教育服务理念,就是期望在形成教育服务理念的同时,一方面使管理者意识到自己与服务、服务与学生的密切关系,因而去尝试改变对学生的态度,尝试用一种全新的视角去看待学生。另一方面,也让管理者从根本上认识到传统管理理念的问题所在。教育服务理念首先是将服务对象当成自己一切服务工作的对象和焦点,将学生满意不满意作为衡量管理业绩的重要指标,在客观上迫使管理者去反思传统的管理理念,并努力去接受新理念、新方法。这样,就能形成一种内在动力去推动管理者进行改革。

(二)教育服务理念为引导高校学生管理提出新的目标

运用传统教育理念培养人一般只要求听话、驯服,而不注重培养其独立思考能力。教师培养学生追求"齐步走""整齐划一",对学生个体之间的差异和个体特征重视不够,因而培养出来的学生往往缺乏创新思维,很难适应时代发展的需要。

学生是共性和个性的统一。共性是指学生的群体属性,个性则指学生的个体属性。处于同一年龄阶段的学生,由于他们生命过程和生活经历的相似性,他们的身心发展在同一规律支配下,表现出某些相同或相似的属性和特征,即共性。但这些共性只是相对而言的,由于个体间遗传基因、家庭背景、社会环境及教育影响的差异,学生的身心发展无论是在内容上还是在水平上都是千差万别的,学生的性格、兴趣、爱好、智力、能力不完全相同,即具有个别差异。这种个别差异是绝对的,是不以人的意志为转移的。这是学生管理必须面对的事实。

树立教育服务理念,不仅能够让我们意识到学生共性和个性的差异,还能够让我们意识到高等教育服务的生产者是教育工作者,他们通过消耗智力和体力,生产出适合不同教育对象需求的,具有多方面性能的教育服务。处在生产领域,学生则是高等教育的消费者;处在消费领域,这种理念为高校学生管理实践提出了新的目标。作为提供教育服务的教育者,在学生管理中应以学生为本,尽量满足学生(作为消费者)的需要。不同的学生有不同的需要,同一学生不同时期的需求层次也不尽相同,需求的多样化就决定了教师工作的复杂程度。在提供教育服务时,教师不再是以前高高在上的管理者,而是成了"弯下腰去"为学生提供服务的教育服务生产者。要生产出优质教育服务,以满足不同人的所有合理需求,教师就要自觉地树立"以人为本"的服务理念,"弯下腰去"掌握学生的思想动态,了解他们需要什么,喜欢什么,想些什么,关心什么,拥护什么,反对什么,兴趣何在,更要了解不同年龄学生身心发育的规律和特征。要深入课堂,深入食堂,深入学生宿舍中去,深入学生活动的各个方面,只有这样,才能从学生的角度制定出符合他们身心发展需要的管理规章,才能努力完善他们的个性,充分发挥他们蕴藏在身体内部的创造潜能。要生产优质服务,教师还要了解学生需求的变化情况。社会在变,时代在变,生活环境在变,学生的思想观念也会随之发生变化。这就要求教师要不断调整教育方式,随时了解现有规章是否符合发展了的实际,现有的教育方式、教育手段能否为学生所接受。

(三)教育服务理念为高校学生管理创造新型师生关系

传统的教育理念认为,学生是教育的客体,教师是教育的主体。受这种教育理念的影响,在学生管理中,教师和学生之间是管理者与被管理者的、等级式的、指挥与服从的关系,学生是绝对的弱势方,学校是绝对的强势方,教育者总是凌驾于学生之上,对学生指手画脚,发号施令,有时甚至采取"训斥"和"惩罚"的手段来压服,甚至制服学生。这种管理方法虽然可以暂时维护教育者的尊严和权威,也会取得一定的管理效果,但它付出了扼杀学生主体性、自主性和主观能动性的巨大代价。

树立教育服务理念,要求教育者重新审视传统的师生关系,树立起新型的师生关系;从高等学校教师方面来看,在教育服务生产过程的师生关系中,学生作为教育服务消费者,在教育过程中拥有重要地位,教师必须予以尊重,教师作为教育服务生产者,必须认真考虑作为教育服务消费者学生的意见要求。这意味着教师必须改变角色意识,树立服务理念,从提高服务质量、保证消费者满意的角度出发来考虑一切,才能做到因材施教;从学生来看,意识到接受高等教育是对高等教育的消费,意味着他们必须树立独立意识和自主观念,他们必须对自己的选择和行为负责,不能完全依赖学校和教师。这种新型的师生关系有利于学生管理中师生平等地、朋友式地、相互尊重地交流对话。管理者也只有从观念上意识到对学生进行管理就是对学生的一种服务,认识到尊重学生就是在尊重自己,放弃学生就是在放弃自己,学生的失败就是你的失败,失去了学生就是失去了你自己,教师才能真诚地去爱,真诚地付出,新型的师生关系才能得以建立。在这种新型的师生关系中,学生管理倡导以"爱"为核心的情感管理。爱是一切教育的起点,是开启学生心灵的一把金钥匙,也是教育引导和管理学生的一种精神动力。只有爱学生,管理学生才能做到十分耐心,了解学生才能非常细心,为学生服务才会一片热心。而爱学生的最有效途径就是和学生交朋友,成为学生的良师益友。这样,一方面,可以唤起学生管理者的友爱之心,使学生管理者乐于并善于与学生交友;另一方面,可以使学生把管理者看成最值得信赖的人,向管理者敞开心扉,吐露心声,愉快地接受管理。

（四）教育服务理念为高校学生管理的评价提供新的依据

无论什么条件下,任何一所学校的学生管理都有获得良好效果的预期。不同时期,人们衡量学生管理质量的依据不尽相同。传统的教育理念从管理者的角度出发,管理质量意味着管理特征对组织的规定与要求的符合程度。这一视角使组织更关注效率,即用最小的成本获得最大的收益,而看不到不同的被管理者对同样的管理感知不到同样的质量水平。

树立教育服务理念,衡量教育质量的标准则主要是服务对象的满意度。这一视角更关注服务对象需要的满足。与传统理念相比,这一理念已经意识到了不同的服务对象会对同一产品感知到不同的质量水平。当学生或家长感知到满意的服务时,也就是他们对所有服务特征的期望都得到满足或超额满足时,他们把整体服务感知为优质,并因此对学校和教师保持忠诚,从而对学校产生归属感。用满意度来衡量学生管理,传统的强迫式的管理方法必然失去效力,这就促使学生管理者转变理念,认真研究学生,了解学生身心特点,了解学生需求,创新教育方法,来满足学生需要,从而为高校学生管理提供了新的衡量依据。

用满意度来衡量学生管理成效具体表现在要符合学校教育质量的以下几个特征:①有效性,也就是能有效地发挥教育服务产品的功能和作用,满足学生学习的欲望,促进学生的发展。②经济性,是学生为了得到教育服务所承担的费用是否合理,优质与廉价对顾客是同等重要的。③安全性,是学校保证服务过程中学生的生命不受危害,健康和精神不受伤害,人格不受歧视,合法权益受到尊重和维护。④时间性,学生对服务的时间上有需求,他们需要及时、准时和省时。⑤舒适性,需要舒适的学习环境,以及令学生感到舒适的服务态度。⑥文明性,学生需要学校有一个自由、亲切、友好、受尊重、被理解的氛围,希望教师有较高的知识素养、文化品位和幽雅的举止谈吐。

用满意度来衡量学生管理成效要以服务对象为衡量主体。学校应给予学生充分的评估权;学校应制定教育服务质量标准,并使学生了解标准;研制学生满意度问卷调查,用以作为衡量学生管理的主要标准。当然,用满意度来衡量学生管理并不意味着对传统衡量标准的彻底抛弃。为了对高校学生管理做出更科学的评价,笔者以为,可以建立高校学生管理满意体系。这一体系除包括学生满意体系以外,还包括管理者的满意体系,包括上级对下级的满意、下级对上级的满意以及家长满意、社会满意等。这种系统化的满意体系有利于学生的健康成长,有利于学校加强管理,使师生之间建立起共同学习、共同进步的良性循环。

三、创新管理方式

创新是高校学生管理的灵魂,也是高校发展的关键。高校只有大力进行管理的创新,摒弃陈旧、落后的管理方式和方法,创建一种与时代发展相适应的新的管理机制,才能真正提高高校的管理水平,从而实现高校提高办学质量和办学效益,培养大批优秀创新人才的现实目标。

(一)高校学生管理工作创新的必要性

现代高校的功能已由单一走向多元,从简单趋向复杂,高校与社会的关系日益紧密。21 世纪,人类社会正进入一个以智力资源为主要依托的全球化知识经济时代,伴随知识经济社会的到来,高等教育将在社会中发挥空前重要的作用。高校作为法人实体,必须有全面创新思维,否则将落后于时代前进的步伐。全面创新管理特别是其根据环境的变化突破了原有的时空界域和局限于教学管理部门和教师创新的框架,突出强调了新形势下全时创新、全球化创新和全员创新的重要性,使创新的主体、要素与时空范围大大扩展。

1. 管理工作创新是培养高素质人才的需要

当前,科技飞速发展,新技术不断涌现,要培养大批高素质人才以适应新时代的生产建设形势,必须不断推进教育创新,这不仅包括教育观念、教育制度的创新,在人才培养模式和学生管理工作上也必须探索出一条新的道路,才能提高人才的素质和能力。学生管理工作是高校育人的重要手段,其本身并不仅仅是一个简单的政策、制度、规章所能涵盖,它是一整套理论体系和系统工程的反映。学生管理工作的创新过程必须不断与外界思想、政策、环境相比较,适应时代的潮流和社会的发展,这样才不会被时代所淘汰。

2. 管理工作创新是高等教育大众化的需要

高校扩招以来，随着招生规模的不断扩大，学生人数的不断增加，以前的所谓"精英教育"渐渐被大众化的教育模式所取代，大学生的整体素质和层次也在发生着巨大的变化，这对大学生管理工作是一个不小的挑战。高校学生管理工作只有积极创新，不断探索，才能适应高等教育大众化发展的要求。

3. 管理工作创新是服务学生的需要

我国当前正处于社会转型期，社会生活方式逐渐多样化，大学生的思想观念、价值观念、生活方式都在发生着巨大的变化。网络技术快速发展，大学生对于新知识、新技术的接受和学习更快，这使得他们被网络深深地影响着。从学生管理的层面来看，互联网的确带来了新的技术和方法，但互联网也冲击着传统的管理方法和体制。

（二）全要素创新在高校学生管理中的应用

1. 高校创新发展战略的制定为全面创新指明了方向

高校在战略措施的制定上，要找准切入点，突出特色，坚持特色办校，将有限资源用于战略性、关键性的发展领域，使之发挥最大的效用。高校的优势来源于管理者将内部所具有的专业特色优势、人才优势、学术科研成果、管理经验、资源和知识的积累、整体创新能力等多种因素的整合。只有建立在现有优势基础上的战略，才会引导高校获取或保持持久的战略优势。推进特色办校战略，不仅要在某一学科或专业上有特色，而且要尽可能在某一领域上有特色。

2. 创新文化的建设是实现高校全面创新的源泉

各种创新活动的开展离不开高校创新氛围的营造，如果高校中人们的思想僵化,思路不清、思维呆板,满足现状,不思进取,缺乏创新欲望和动机,对创新举动不予理睬甚至百般阻挠,就不可能形成强烈的创新氛围。据研究,国内外的一些著名高等学校,其保持长盛不衰的活力之源就是独特校风的延续和更新机制的存在。

3. 技术创新是实现高校全面创新的手段

现代信息技术对教师的学科知识结构及掌握现代化教育技术的程度也提出了更高的要求,不仅引起了教学方法和手段的现代化及课程内容的更新,而且优化了教学过程和人才培养的过程,对大学生的思维方式、行为模式、价值观念、政治倾向等都产生了深刻的影响。

4. 创新制度设计是高校实现全面创新的保障

任何一个制度和政策设计的终极目标都是要最大限度地激发人的积极性。高校必须承认个人在知识发展中的独特性,建立"以人为本"的有利于学生创新思维、创新能力培养的管理制度,既有利于充分发挥学生的学习积极性,又有利于充分发挥教师的教学积极性。

5. 学习型组织是高校实施全面创新的必然选择

随着我国高等教育向大众化阶段的迈进,高校办学规模不断扩大,管理幅度和管理层次也相应增加,高校实际上已经成为一个复杂的组织系统,传统的金字塔式的组织结构已很难适应知识经济的要求。因此,应改变组织结构,建立一种有机的、高度柔性的、扁平的、符合人性的,能持续发展的、能充分发挥员工的创造性思维能力的组织。

6. 全时空创新在高校学生管理中的应用

全时空创新就是每时每刻都在创新,使创新成为涉及学校各个部门和师生员工的必备能力,而不是偶然发生的事件。这就要求在课程体系中增加创新能力的训练和综合实践课程,提高学生在亲身实践中发现问题、解决问题的能力,进而激发灵感。

教师要更新教育观,转变教育思想,改变常规教学方法,把最新知识成果及学术界正在争论的问题随时融进教学中去,身体力行地站在创新的最前沿。况且,在全球经济一体化和网络化的背景下,高校应该考虑如何有效利用创新空间,在全球范围内有效整合创新资源为己所用,实现创新的全球化,即处处创新。

7.全员创新在高校学生管理中的应用

全员创新要求师生员工必须不断学习,不仅要系统学习掌握基础的现代科学文化知识,而且要钻研某一专业方面的前沿领域,做到博与专,基础与特长的和谐统一,既要加强当前的阶段性学习,更要强调终身学习,不断增加新知识、新技能,保持良好的知识结构。高校学生管理人员必须不断探索高校学生管理中的新规律、新问题,研究现代化高校学生管理的新的方法论,寻求新形势下行之有效的管理方法,努力增强高校学生管理的科学性和艺术性,不断提高管理成效,用信息化管理方式取代传统管理方式,更要学习借鉴国内外先进的高校学生管理经验。

8.全面协同在高校学生管理中的应用

正常的教学秩序需要稳定的教师队伍和部门间的协同管理创新。目前,高校规模的不断扩大使得高校学生管理工作呈现出纵向的多层次性和横向的多部门性,并且相互依存。无论是从高校教育和教学管理的主体还是从整体来看,都不可避免地会出现利益和要求的多元化局面。高校学生管理中的协同创新行为是高校多个部门创新的组合过程,必须让所有参与协同的部门了解当前高校组织创新的实际情况,这不仅有利于单个部门的创新,而且在创新的过程中能进一步增进相互的理解和信任,利用部门间相互协同创新,增强高校的凝聚力,提高高校的管理效率和创新能力,最终实现解决矛盾,缓解纠纷,消除内耗,达到整体创新的目的。

第二节　创新高校学生管理模式的重要性

一、我国将推进教育信息化纳入国家"互联网＋行动计划"

我国将推进教育信息化纳入国家"互联网＋行动计划",启动国家"互联网＋教育行动计划",大力推动互联网、云计算、大数据、物联网与教育相结合,这既可全面推进国家教育信息化进程,又可创造世界上最大的教育信息化服务市场。

教育信息化已成为当今世界各国提升教育发展水平的重大战略举措。

一是教育信息化正在深刻地改变着人类社会的教育理念和教育形态。线上教育与线下教育相结合、移动学习与固定学习相结合、集体学习与个体学习相结合、独立学习与团队学习相结合、知识学习与能力培养相结合,正在成为现实,由此,教育信息化已成为引领教育理念和教育模式深刻革命的引擎。二是教育信息化正在成为促进教育公平、提高教育质量的有效手段。世界各国普遍把教育信息化作为缩小数字教育差距、实现优质教育资源共享、促进教育均衡发展的战略选择。三是教育信息化已成为创造泛在学习环境、构建学习型社会的必由之路。教育信息化为人们的移动学习、终身学习提供了可能。四是教育信息化正在成为解放教育生产力、提高教育评价和管理效能的重大技术手段。

随着大数据、云计算、互联网、物联网技术在教育中的运用,特别是在线教育、翻转课堂、微课程等以网络信息技术应用为支撑的新的教育模式在中小学教育的大量运用,教育界正在迎来教育信息技术革命的新时代。传统的手工作坊式的教育,正如现代信息技术在工业制造业领域的应用带来的智能工厂的出现,一种新的教育形态——智能教育正在向我们走来。智能教育就是要用现代信息技术和人工智能技术武装教育,最大限度地提高整个教育的智能化水平。

进入 21 世纪以来,国家在推进教育信息化方面采取了一系列重大战略举措,《国家中长期教育改革和发展规划纲要(2010—2020 年)》和国家教育信息化规划,做出了大力推进"三通两平台建设"的国家教育信息化战略。"三通"即"宽带网络校校通,优质资源班班通,网络学习空间人人通","两平台"即建设教育资源公共服务平台和教育管理公共服务平台。

二、国家积极推进"互联网 + 教育行动计划"

第一,平台建设从国家到地方要整合统筹课程资源建设平台和教育管理服务平台。管理平台既要服务于各级政府和教育行政部门的教育管理,也要服务于教师、学生的教育教学活动,服务于学校和教师的教育教学评价,如果教育管理与课程资源服务平台分割,既不利于教育管理者、学校、教师、学生的使用平台,更不利于教育管理、教育教学与教育教学评价大数据的形成。

第二,平台建设要坚持两条腿走路,要坚持政府公共服务平台建设与企业的市场化服务相互补充、相互协调、相互竞争,保持平台建设与服务的活力。

第三,把县级教育公共服务平台建设纳入国家教育信息化战略。在云计算、大数据、互联网技术支持下,教育信息化不能再走"校校建平台、校校开发软件"的老路,应该走集成化、集约化的新型教育信息化平台建设模式。否则,不但造成极大的建设资金浪费,而且大大增加了运营和日常管理成本。因此,必须尽快改变以校为本的教育信息资源配置战略,走向以县域、市域、省域乃至整个国家互联互通的教育信息化公共资源配置战略。在这里,要确立县级教育公共服务平台建设的主体地位,强化县级公共服务平台建设。这是国家教育信息化公共服务体系的关键。因为我国教育管理体制是"以县为主"的,县级政府是我国教育管理的基本行政单位,是统筹国家和地方教育资源为师生教育教学服务的基本单位,只有强化县级教育公共服务平台建设,并实现与市、省、国家平台的互联互通,才能更好地利用国家公共教育资源为县域教育改革和发展服务,又能满足本地教育改革和发展的需要,同时实现本地资源与县外域教育资源的共享。

国家应从战略高度确立县级教育公共服务平台建设在国家教育信息化中的基础性战略地位,尽快启动县级教育公共服务平台建设工程。县级教育公共服务平台进行集中研发、应用与管理,各种教育信息化软件在县级平台集约研发与集成安装,学校作为县级教育公共服务平台的一个用户,只需要通过宽带接入,配备计算机终端,方便学校师生和管理者应用即可。

第四,学校是教育信息化管理和课程资源服务平台应用与资源建设的主体。学校是教育信息化的主体,一方面是教育信息化公共服务的应用主体,另一方面又是课程资源与管理评价资源建设的主体,即在教育信息化的应用中生成新的资源。

三、构建和谐校园的迫切需要

（一）网络文化与和谐校园

网络越来越成为我们生活的一部分，网络文化已经成为一种流行文化。网络媒介因而具有了丰富的文化内涵。"文化"这一概念拥有多种定义，其中之一是：文化是一种特殊的生活方式的描述。这种描述的范围不仅仅包括艺术、思想等经典范畴，而且还包括一些日常生活行为中的某些意义和价值。既然文化是一种生活方式，网络文化也就是互联网所形成的一种生活方式。由于这种生活方式以网络互联为基础，以获取信息为目的，因此网络文化一般也可以定义为：网络文化是一种不分国界、不分地区，建立在"互联网+"基础上的信息文化。

对社会主义和谐社会的倡导与研究，已有大批深入的、权威的文献。知识经济时代，教育不仅是推动社会经济发展的重要动力，还是促进社会主义和谐社会建设的重要力量。和谐校园，主要是指以内外沟通良好、各种关系顺畅，和而不同、协调发展为核心的一种教育理念。实现这一理念，必须关注学生的和谐发展。和谐的校园文化既是构建和谐校园的基本目标与内涵，又是构建和谐校园的基本途径与模式。和谐校园的本质属性是文化和谐。建设和谐的校园文化不能无视网络文化的影响。

网络对青少年的影响，已有多项研究成果，戒除网瘾是一个社会话题；网络文化对社会主义和谐社会建设的影响，已引起人们的很大关注，有的省份还举办了"网络文化节"。网络文化对和谐校园建设的影响，也已引起人们的关注。中共中央、国务院发出的《关于进一步加强和改进大学生思想政治教育的意见》中提出，我们应该主动占领网络思想政治教育的新阵地，就是一个主要标志。但关于网络文化对构建和谐校园的效应,较为全面和深入的分析文章还较为少见。

（二）网络文化对构建和谐校园的正面效应

1. 网络能够满足学生多方面的需求

构建和谐校园,要研究学生,学生是和谐校园建设的主体;谈网络文化对构建和谐校园的影响,也要研究学生,研究网络对学生自身和谐发展的效应。网络让学生的生活变得多姿多彩,缓解了学生的压力,但也要承认增加了学生管理的难度。与社会群体相比,在校学生更愿意追逐时尚和新潮,有更强烈的交往意愿,更需要获取知识信息,而网络都能够满足学生们的这些期望和要求。计算机和网络是高科技、时尚新潮的代名词。学生作为网络主体会不断从技术和技巧两方面强化自身的网络素养,如不断使用新的软件加快链接速度和提高搜索效率,不断提高打字速度,等等。网络的应用五花八门,而其最大的用途和优势是能够共享信息和快速传递信息。这正符合学生更多、更快获取信息、交流沟通的需要。

2. 网络可以成为学生的信息库和资料库

网络能够处理大量的、内容丰富的信息资源。这些信息分门别类地存放在页面上,浏览者可以根据自己的兴趣和需要使用超级链接选择阅读。网络最大的优点在于它拥有无比丰富的信息,就像一本百科全书,学生在阅读纸质文献的同时,还可以将网络作为自己的资料库和信息库。

3. 网络使教学手段和教学方法的革新成为可能

各种网上学校已大为发展,大量的课程学习可以借助网络来实现,有限的教育资源得到了更为合理、高效的使用,更多的人得以享有更多更好的教育;终身学习变得不再困难;学生获取相关信息更加便捷,学习兴趣和效率得到提高。多媒体教学和网络教学平台的开通,在许多学校已不是新鲜事。师生之间可以通过校园网进行交流,网上选课、网上答疑、网上评教、校园贴吧、博客交流、电子图书都是网络开辟的新天地。

4. 网络对人们的思维方式和世界观有积极影响

麦克卢汉说:"媒介即人的延伸。"网络介入人的生活,网络意识也会渗入人的身心,影响人的思维和行为方式。高校学生处在世界观、人生观、价值观进一步成型的时期,在这一时期网络的影响不可小视。从积极的和正面的方面来讲,网络可以帮助人们,尤其是帮助青年学生树立先进的理念:科学、民主、张扬个性的理念,开放、自由、平等、和谐、奉献的理念,地球村的理念,等等。网络本身是科技发展的产物,是人类的重大科技发明,凝结着也彰显着人类的智慧。网络是一个开放的空间也是一个自由的空间,文化的壁垒正以前所未有的速度被打破。文化透过电缆、光纤、服务器和计算机终端等有形的物体向世界各地发散,快速而便捷地在全球范围内流动。好的网络文学艺术作品是实施美育的大课堂,科学和先进的思想是学生的又一个"导师",网络为学生开阔视野、提高素质、发掘潜能提供了平台和基地。随着 E-mail、BBS、Usenet, MUD、IRC、QQ、微信等软件的出现和进一步完善,网络文化的交互性得到了更大的体现。不少学生在聊天或网上讨论中,锻炼了认识问题、分析问题、解决问题的能力,他们的聪明才智、他们的创造性在此得到了充分展现与发挥。在理论上,网络空间的每个人、每一台计算机都可以成为一个广播站、电视台或出版社。从这个意义上说,网络体现了最自由、灵活、开放的信息交流方式。任何一个网络人地位都是平等的,他们可以与世界各地任何联网的人联络,自由地访问各种信息资源,自主参与不同主题的 BBS、Usenet、电子论坛、博客、播客的讨论、写作和传播。

（三）网络文化对构建和谐校园的负面效应

互联网是一把双刃剑。略加归纳，网络对青少年的负面影响大致有以下几点。

1. 认知和道德意识方面

网络信息驳杂，让人应接不暇，易于导致青少年缺乏逻辑性和严密性，知识面只有广度而缺乏深度。网络可充分发挥用户主观能动性，网上交流可以不受现实生活中道德准则和社会规范的约束，颓废、消极的情绪、缺乏诚信的言行可能使青少年道德约束放松，道德修养降低。

2. 身心健康方面

长期沉迷网络可能导致青少年生理机能失调、神经系统正常节律被破坏，甚至引发心理障碍。青少年极富好奇心但自我监控能力不强，长期上网容易导致网络迷恋、网络冷漠、网络孤僻、网络焦虑，造成心理错位或行动失调。卡内基梅隆大学及匹兹堡大学的研究表明，过度使用互联网者往往具有下列人格特点：喜欢独处，敏感，不服从社会规范等。这会导致孤独和抑郁感的增加，人际关系冷漠，厌世，心理幸福感降低。

四、因材施教的推行

与教育史相比，互联网的历史是短暂的。人类教育的历史几乎与人类的五千年文明史相当，互联网的历史却只有短短几十年，它的出现、普及、应用都与教育密切相关。网络教育业逐渐升温，投资并购不断，在线教育机构都把网络教育视为巨大商机。

就发展机遇而言，首先，互联网技术为提高人才培养质量创造了条件。以"慕课""翻转课堂""微课程"等为代表的基于互联网的教学模式，突破了学习者的学习时间和空间的局限性，有利于学习者共享课程资源,进行个性化的线上学习。同时,也为探索线上教学和线下教育相融合,促进学生的自主学习和合作学习,改革传统的教学方式和手段创造了条件。其次,互联网技术为拓展优质教育资源开拓了新路径。利用互联网技术多元而便捷地获取教学资源的特点,可以把有限的投入集中到优质线上课程的建设上,并通过建立共享机制进行优质教学资源的均衡配置,以效率促公平,促进优质教育均衡发展,推进学习型社会建设。最后,在线课程联盟的构建为提升教育国际化水平搭建了新平台。以Coursera、EdX 等为代表的在线课程联盟的发展,加速了国际化课程、教材和课件的跨国流动与共享,也必然伴随着先进教学理念、现代教学方式和教学管理模式的跨国传播与融合,从而为优质教学资源共享与国际拓展、变革教育教学方式、改善学校国际形象搭建了新平台。

为促进互联网教学的发展和人才培养质量的提升,高等学校要主动应对互联网教学带来的挑战。

(一)更新传统的教育教学观念

要突破"千校一面""万人一面"的培养模式的禁锢,建立富有时代内涵的人才观、多样化的质量观和现代的教学观;遵循教育教学规律和人才成长规律,践行"因材施教"的教育理念,探索多样化和个性化培养方式。

(二)改革传统的教学方式

利用"慕课""微课程"等线上课程资源,可以实现学习过程的"翻转":将学生接受知识的环节从课堂讲授转移到课前线上自学;而在课堂上则通过教师组织引导、师生互动和生生合作,将学生课前个性化学习到的知识融会贯通,实现知识内化的部分功能。要改革传统的课堂教学模式,引导学生自主学习、合作学习、探究式学习;探索线上线下教学相结合,共享优质教学资源,彰显教学水平和特色,改善学习效果和效率。

(三)促进教师的职业生涯发展

学习过程的翻转,导致了教师角色从知识的传授者转变为学生的学习伙伴。要优化教学评价标准,加强教师培训,提高教师运用现代信息技术的能力,激励教师研发网上课程,参与线上教学;同时,鼓励学生参与线上自主学习。

(四)创新教学管理体制

加强系统研究和顶层设计,创新教学管理体制和学生管理机制,调整教学组织形式乃至教室布局;完善教学质量监控和保证体系,重视学生学习效果跟踪和评价机制的建设,强化评价结果反馈和改进机制。

(五)高等学校要推进"互联网教学"良性发展

1.加强联结与互动

互联网教学模式的基本特征是联结和互动,有关部门要加强统筹规划,避免重复建设和分散建设,实现优质教学资源共建共享;要引导学校改革课堂教学模式,更好地实现师生互动、生生互动、人机互动,改善学习效果。

2.完善学习监督和效果评价机制

要优化学习评价标准和评价方式,重视大数据技术的应用,实现教学及其管理平台的数据交换和共享,及时评价和反馈线上学习效果;要改善教师的线上教学水平,提高学生线上学习的主动性、自律性和选课完成率。

3.探索和完善互联网教学的运行机制

要厘清线上教学的公益性与营利性的关系,优化"慕课""微课程"等课程联盟或协作组织的运营模式,筹集线上教学经费。要研究线上课程标准与认证方法,探索学分转换、学分互认、学分银行等机制。普通高校、开放大学、在线课程联盟或协作组织及互联网教育产业,要协同探索,优势互补。

4.跳出互联网教学发展的误区

教育的终极目标是培养全面发展的人。学校的办学传统、校园文化和校风学风,对学生成长成才具有潜移默化的熏陶和催化作用,对学生综合素质的养成,包括社会发展性、人际关系和公共关系、团队精神等素养和能力的养成至关重要。因此,课程教学不等于学校教育,互联网教学不能完全取代学校教育。要倡导严谨求实的态度,避免炒作概念、片面夸大作用,把重点放在优化网络教学环境、提高在线开放课程质量、共建共享优质教学资源、线上线下教学相互融合、改善学习效果和学习效率上。

五、有效利用高校资源

首先,要解决教学资源不均衡的问题,加速实现优质教育资源的集成共享。要充分利用信息技术,积极进行混合式教学的探索实验,建立高校之间优质数字化资源共建共享机制。国家精品视频公开课程和精品资源共享课程,向高校免费开放。大规模在线开放课程建设、教学资源平台建设等,可以扩大优质教育资源受益面,使高校学生能够参加国内外著名大学网络课程的学习;精品资源共享课、视频公开课等,可以提升一大批中青年教师教学水平。

其次,要建立以学生为中心的新型教学模式,强调学生主动性、学习灵活性和教师的辅助性。大数据背景下,以互联网信息技术为核心的各类教学模式和学习方式不断呈现,如"微课""慕课""翻转课堂"等。在"互联网+"的背景下,教育已不是传统的线性模式,而是非线性、模块化、可定制的,学生可根据自身的需求、兴趣选择学习内容。对高校而言,这就需要利用互联技术、大数据技术整合不同资源,开展启发式、探究式、讨论式、参与式教学,建立起以学为中心的教学模式。

最后,要推动高校相关专业建设,加快培养互联网领域专业人才。把互联网技术、物联网技术、云计算、大数据、数字制造技术、智能制造技术等相关知识纳入高校的公共基础课教学,提高大学生的互联网知识水平。在高校或企业建立涵盖 3D 打印技术、智能家居技术、可穿戴技术、智能制造技术、物联网技术的"创客中心"或"创客平台",引导大学生开展创新创业实践活动,从而实现创新与创业相结合、线上与线下相结合。

对高等教育而言,"互联网 +"是最优选项和必由之路,但还需要诸多的保障措施。首先,对高校信息化建设的投入需安排专项资金。其次,教师信息化教学素养和意识需要与"互联网 +"语境相符合,要通过网络研修等多种方式进行提升。最后,对信息化教育绩效的评估和考核应保持常态化,各高校要专门制定本校的信息化发展规划,并定期进行评估和反馈。

第三节　互联网时代高校学生管理工作的发展趋势

一、互联网媒介素养教育

近年来,随着互联网技术的发展,人类社会进入"信息时代",原有单一、封闭、单向的传播模式逐步向交叉、互动、融合的方向演变,这导致用户更为倾向参与式、融入式、交互式的媒介体验,也使得高校网络媒介素养教育呈现出新的特征。现阶段我国高校的网络媒介素养教育仍处于初级阶段,应当结合"参与式"文化背景下网络媒介素养教育呈现出的新特点,从政策制定、课程开发、教师培养、社会实践、科学研究等入手,探索构建适应形势需要的新型网络媒介素养教育体系。

中共中央办公厅印发的《关于培育和践行社会主义核心价值观的意见》明确提出要"适应互联网快速发展形势,善于运用网络传播规律,把社会主义核心价值观体现到网络宣传、网络文化、网络服务中,用正面声音和先进文化占领网络阵地"。

(一)参与式文化下高校学生网络媒介素养教育的特征

参与式文化是以网络为平台,以全体网民为主体,通过某种身份认同,以积极主动地创作媒介文本、传播媒介内容、加强网络交往为主要形式所创造出来的一种自由、平等、公开、包容、共享的新型媒介文化样式。这一文化样式具有表达意见门槛低、支持普通民众进行创作和分享、传播内容具有多样性和大众性、重视用户体验和个人诉求、具有广泛参与性和社交功能等特征。受参与式文化的影响,高校学生网络媒介素养教育呈现出以下三个特征。

1.教育理念的转变更新

在传统教育模式下,教师在教育教学中处于中心地位,对教学效果起决定性作用。但在网络时代,学生可以通过多种途径获取信息资讯,教师逐渐失去了在知识传授过程的主导地位。有观点认为,随着网络媒体的普及,我国已步入"后喻文化"时期。这对传统的师生关系提出了新挑战,需要教育者将教育理念由"教师中心论"向"师生相长型"转变,即立足学生参与互动融合理念,在分析学生诉求和认知行为、研究学生网络媒介使用习惯的基础上,制订出顺应时代发展特征、具有现实针对性的媒介素养教育培养方案。

2. 教育方法的创新发展

新媒体因其交互性、时效性、多媒体性、多元文化性等特征而受到当代大学生热捧。现阶段，大学生不再将报纸、电视、广播等传统媒体作为获取信息的唯一渠道，而倾向于借助 App 移动应用服务、SNS 社会性网络服务等新媒体平台获取资讯，享受参与和互动的乐趣。这就对教育方法的创新发展提出了更高要求，需要基于参与式文化形式，即联系、表达、共同解决问题，改变原有灌输式、一言堂的教育方法，而更为注重学生与周边环境的融合、自身感受与意见的表达、团队成员的交流互动、多样化传播形式的形成和交叉性传播平台的构建等。

3. 评价反馈的机制完善

詹金斯（Jenkins）曾提出 12 项新媒介素养能力，即游戏能力、表演能力、模拟能力、挪用能力、多重任务处理能力、分布性认知能力、集体智慧能力、判断能力、跨媒介导航能力、网络能力、协商能力、可视化能力。这表明网络时代对于个人媒介素养的需求是新媒介发展在技术和内容上对受众能力有更高层次要求，也是来自受众在新媒介中希望满足自己在社交、尊重、自我实现等更高层次需求的结果。

（二）加强大学生网络媒介素养教育的必要性

虽然部分教育界及学界人士已经意识到网络媒介素养教育的意义和价值，但总体而言，我国的网络媒介素养教育依然处于初级阶段，具体表现为以下三个方面。

1. 缺乏公共政策的制度保障

大学生网络媒介素养教育作为一项亟待开展的系统工程，需要政府部门牵头制定相关公共政策，对该项工作的技术支持、经费保障、协调推广、具体职责等进行顶层设计和统一规划协调,建立覆盖课堂教育、社会教育、家庭教育的全方位、立体化的教育体系。

2. 缺乏课程体系建设和规划

目前,国内大部分高校未将大学生网络素养教育课程纳入教学大纲中,未明确要求学生掌握媒介素养基本知识和能力,未开设与媒体传播运作、媒介内容赏析批判、传媒法规与伦理等方面的课程。事实上,将媒介素养教育纳入高校课程体系建设,要求学生通过修习指定课程掌握有效获取媒介讯息、了解媒体运作功能、批判选择媒体传播内容、制作传播媒体作品等能力,是提高大学生媒介素养和综合素质的重要途径。

3. 缺乏科学调研和系统研究

目前,国内对于媒介素养教育的研究主要集中在介绍西方媒介素养教育开展情况、媒介素养基本内涵及认知、媒介素养教育的重要性等方面,缺乏对国内大学生开展网络媒介素养教育的科学调研和系统研究,缺乏符合我国国情和大学生特点的教材和教育宣传片等。

(三)针对互联网时代下我国大学生媒介素养存在问题的解决措施

为了提升我国大学生的媒介素养,针对互联网时代下大学生媒介素养存在的问题,汲取国外先进的媒介素养教育成功经验,我们可以尝试从以下几个方面着手。

1. 学校方面

第一,开设媒介素养教育课程,建设高素质媒介素养教育队伍。媒介素养是一个新的课题。目前为止,我国的媒介素养教育实践经验还未完全找出一条适合本国国情的道路来。大学生对于媒介素养这一名词既熟悉又陌生,对于媒介素养教育学科的含义也缺乏较为理性的认识。在大学教育中导入媒介素养教育课程,结合各高校的优势力量,是解决大学生媒介素养问题最有效、最科学的方法之一。高校在课程的设置上,可以专门开设实践性课程与多元理论性教育课程相结合的模式。学校还可以通过举办相关讲座、辩论会等活动,以不同形式促使大学生树立正确的新媒体观念。

第二,营造媒介教育氛围,进行媒介素养宣传。媒介素养要进入校园,融入大学生的生活中,还需要一个被大家认识和认可的过程。因此,大学校园应充分利用自身传播知识和文化的优势,加大对媒介素养的宣传力度。校园广播、电视台、报纸、期刊、社团等都是校园媒介素养宣传的舆论阵地,它们作为在校学生的精神环境,对大学生有着不可替代的潜移默化的影响。所以,加强校园媒介素养宣传,就要形成全方位的校园舆论环境,利用各种媒介形式和手段,营造良好的媒介教育氛围。

第三,充分利用大学校园资源,增加媒介认知。调查显示,很大一部分的大学生较少参与到媒介信息的制作与发布中,这无疑给媒介工作蒙上了一层神秘的面纱。传媒作为一种合理存在并不断发展的事物,它的内容和灵魂渗透当今大学生的生活中。大学校园有着各式各样的教育、学习工具。校报、校园广播电台、电视台、校园微博等都是大学生可以接触并参与其中的媒介资源。高校应充分鼓励大学生利用校园媒介资源,如:建立校园校报编辑室,让学生亲自去采集、编辑、制作和发布信息;开设校园微博,建立校园微博管理委员会,让学生参与微博的创造、传播和管理的一系列过程中。

2. 媒介方面

第一,媒体和大学校园合作,为大学生提供实践平台。媒介素养教育与媒介实践是双向互动的,大众媒介应与大学校园"联姻",为大学生提供更多的实践机会。例如：传媒与校园联合发起"DV校园新闻制作"大赛，媒介专业人士走进大学为学生提供专业指导，大学生亲自参与拍摄—加工—制作的全过程，最后评选出优秀的作品在媒体的某一平台播出，使学生们在获得成就感的同时还能收获到相应的媒介知识。网页制作大赛、校园新闻制作大赛等都可以成为媒介与校园合作的最好形式。与此同时，学校还可以定期邀请知名主持人、经验丰富的编辑人员、记者等走进高校，与学生们进行面对面的交流互动，增加大学生们对于媒介的感性认识，消除大学生对于媒介的陌生感。只有这样才能不让大学生被媒介的形式和内容"牵着鼻子走"，成为媒介的理智消费者，而不是单纯地鉴赏、浏览传媒发布的信息或是仅仅热衷于新传媒所带来的新感觉。

第二，媒介发挥"把关人"的作用，提高自身的公信力。媒介在信息生产和信息传播方面应扮演好"把关人"的角色，各式各样的传媒文化会给大学生的价值取向带来强烈的冲击，在很大程度上影响着他们的人生观和价值观。面对大千世界芸芸众生中纷繁复杂的各种信息，媒介往往掌握着这些信息能否发布和传播的选择大权。媒介理应帮助大学生认识社会、积累知识，使每一位大学生在媒介所传递的正确价值导向中耳濡目染地逐步得到提高。因此，新闻工作者应努力提高理论水平，努力提升自身的采编写基本素质，同时要坚持正确的舆论导向，以正确的舆论引导大学生，这样才能引导那些辨识能力弱的大学生认清真实的信息。最后，媒介从业人员必须具有职业道德，对自己的职业行为所产生的社会作用和社会意义承担相应的责任。

二、构建专门的网络平台

当今社会，网络以其丰富的信息储备，已成为人们获取信息的重要平台。特别是在高校中,随着校园网络和信息化建设日益完善,信息化校园这一校园形态的重要性更为突出,网络已成为影响校园文化建设的重要外部因素,从中共中央、国务院发布的《关于进一步加强和改进大学生思想政治教育的意见》中可以看出,校园网成为师生学习、生活和开展思想政治教育的重要平台已是必然趋势。对此,高校应抓好网络平台建设,使校园网成为服务大学生学习、生活的窗口;科学设计平台,强化网络平台的功能,使校园网成为为师生提供便利的重要工具;合理利用平台、提升网络平台的价值,使校园网成为开展大学生思想政治工作教育的重要渠道;深层开发平台,丰富网络平台的内容,使校园网成为大学生参与校园文化建设的主要途径。

（一）高校网络平台构建的有利条件

1. 时代发展的需要

在互联网迅速发展的时代背景下,网络已经与人们的生活息息相关,其用户群体庞大、覆盖年龄范围广,影响力正随着时间的推移逐渐凸显,它以其特有的平台特性默默地影响着人们的价值观念和思维方式,以其资源丰富的特点改变了人们的学习方式,以其高效便利的特点改变了人们的交往方式。因而,高校应牢牢抓住这难得的契机,在学生的教育与管理中融入更加多样、更加吸引人的方式,使教育、管理、服务三育人的功用在网络平台中得到淋漓尽致的发挥。在高校的文化建设及信息化建设方面,可依托社会上已形成的较成熟的网络平台,这些平台经过测试及使用更具有适应性,降低了因网络平台硬件问题带来的发展困扰。

2. 发展前景好

因为校园网络平台具有活、全、新、快的众多特点和优势,又方便用户使用和参与,所以校园网络平台既是传播校园主流文化的新阵地,也是高校文化内涵、办学精神、优势特色的最佳展示窗口。虽然高校在网络平台的构建上较为滞后,但这反而减少了改革及发展的阻碍,不会因为固化的思维方式限制了校园网络平台的发展,降低了改革引起的阵痛。因而,在发展网络平台、积淀校园文化的道路上能走出全新模式。

(二)高校网络平台的构建途径

1. 打造特色网络品牌

校园网络平台关键性的指标在于内容、准确度及更新速度等方面。目前的高校学生大多是随着网络一起成长起来的,若想利用网络吸引他们的视线,需要具有特别的形式、丰富的内容、急速的更新。因此,高校校园网络平台应该改变原有的形式呆板、内容简单、功能单一、更新迟滞等不足,更好地解决吸引力不足、利用率低等问题。应完善校园网络平台的功能,提高用户参与程度,加快、加深与校园文化的融合,更好地促进高校的发展。针对上述情况,高校在打造特色网络品牌时应更好地利用社会上已较成熟的、影响力较大的媒介。

2. 优化校园门户网站

校园门户网站是每一所高校在网络中展示的绝佳平台,是发布相关信息的固定渠道。在门户网站上可以尝试开辟校园特色专栏,如重庆邮电大学"红岩网校"、河南农业大学的"太行之路网站"等,大多是以本校学科特色为核心,围绕主体用户——学生,将思想政治教育、专业知识、科学技术、就业引导、特色文化等模块组合。设计优良、布局合理、内容新颖的校园网站不仅能提高社会关注度,更重要的是能吸引更多学生关注校园门户网站,积累荣誉感及归属感。打造校园官方微博,官方微博是网络发声的新媒介,高校、企业、政府等纷纷开通了官方微博,在扩大宣传面的同时,能更加快捷地发布信息,发起交流互动。学生手持手机刷微博已成为一种流行趋势,而利用微博的特性,校园官方微博可以将学生的注意力凝聚起来,通过发布社会热点问题与话题、普及与学生学习生活相关的知识与信息、组织学生参与活动及话题互动等,利用微博消息发布及时、传播面广等特性,能更好地配合其他校园文化建设活动的开展。

3. 建设其他网络平台

当前,其他网络平台,如贴吧、微信、论坛等也成了新型的交流平台。随着移动终端技术的提升和革新,更多网络用户使用手机或者平板等终端设备参与网络互动。如今大学生使用手机刷微信、逛贴吧、进论坛,已经是普遍现象,此类网络平台已经成为学生闲暇时光抒发个人情感、相互交流的一类重要平台。高校应当重视此类公开网络平台的开发和应用,利用此类平台用户群庞大的优势,推出有特色的高校平台,辅助开展大学生的伦理道德教育引导工作,促进校园文化朝着多元化良性发展。

4. 充分挖掘潜在人力资源

网络之所以迅速发展得益于前所未有的更新速度及良好的参与性、互动性,相较于纸质媒介,电子媒介越来越多地融入人们的生活中。构建校园网络平台不仅仅是一定的物质投入,还需要开发校园内所特有的、庞大的潜在资源——人,动员好、开发好潜在的人力资源既是发挥好人的主体性作用的客观要求,也是人本主义理论应用于学校教育中的合理化体现。在网络背景下,高校应充分动员专业教师、辅导员群体集思广益创新内容、提高技术,积极参与校园内各项文体活动,转载、转帖;充分动员学生干部、学生党员等其他学生群体,挖掘潜在资源,积极参与到网络平台的宣传、构建中去。

5.建立健全管理体制

大学生是网络中最为活跃的群体,也是网络互动参与量最大的成员。因而,高校的各部门及院系应提高对网络平台重要性及必要性的认识,并加大投入,尽快开发校园网络平台;高校应针对如何引导网络评论、控制网络舆情、监管网络动态、处理网络突发情况等建立专门的技术团队,维护、管理、利用好网络平台。在现有的校园管理制度的基础上,要规范和创新校园网络平台管理机制,通过制定统一的管理规章制度明确管理者、参与者的义务与责任,规范管理、教育引导学生形成健康积极的网络行为,使校园网络平台稳定运行;建立校园网络平台的各级管理体系,使网络信息的监控、收集、分析、干预等反应机制更为完善,保证校园网络平台的正常运转。

6.营造校园网络文化,共筑品牌校园文化

高校校园文化因网络的介入而更加丰富、鲜活,同时对高校思想政治及德育工作也提出了新的挑战。打造内容丰富、功能完善、具有开放性的校园网络平台,可以引导学生健康上网,传播校园主流文化,展现高校的品牌特色。构建好校园网络平台,营造健康和谐的校园网络文化,共筑品牌校园文化,既是对网络所带来挑战的有力应对,更能为全校师生提供更加有活力的成长空间。

三、教育、管理、服务一体化发展

随着高等教育改革不断深化,高校办学规模越来越大,高校教学和学生管理工作面临诸多新挑战。这就要求教学与学生管理工作需应对新发展形势,实施全员联动机制,积极探索教学与学生管理一体化机制。

（一）在高等教育大发展的形势下，各类高校间的竞争异常激烈

从传统的高校竞争方向与排序看，作为实施"985工程"和"211工程"的第一方阵的高水平大学为争创世界一流在努力拼搏；作为教学研究型的第二方阵的地方高校为进入国内高水平一流大学的竞争更是空前激烈；其他大学也是加劲发展，以期提高水平和增强实力，竞争同样激烈。因此，各高校要用更加开阔的视野、更有效的办法，集中更多样的资源，走多样化、跨越式发展的道路，既能夯实基础，扎扎实实做好基本功课，又能改革创新，建立起新的视域、新的路径，充分运用好激励机制，发掘组织内部多样化的资源，走超常规发展之路，开启高水平大学的卓越进程。

（二）高校办学的基本观念、基本价值、基本图景是不断改革创新的思想引领

现代大学制度的"轴性理论"、坚持公办大学机制的稳定性和民办大学机制的灵活激励性相结合的"优势互补理论"下的充满活力和高效运行的社会主义民办大学办学机制的探索，"职业化全位理论"的现代大学不可或缺的管理模式思想等，为高校构建教学与学生管理一体化提供了思想指导。

（三）践行教学管理与学生管理一体化的初步思路

调整机构设置，优化人员配置，完善统筹协调。一是撤销学生处，将学生处的部分管理职能划归教务处，教务处设置教学运行管理、学生管理、教学基本建设管理和实验实践教学管理四个处；二是继续强化二级学院管理职能的重心下移，分管教学的学院领导要协调学生工作，使教学与学生工作有效融合，加强、完善和优化学院办公室职能和人员配置，学院办公室统一负责教学、科研、学工、党务、行政人事工作的日常管理，从而为教学管理和学生管理一体化提供组织保证。

（四）完善和创新一体化管理制度

在现有的教学管理和学生管理各项制度的基础上，根据一体化管理目标要求，优化学校学工部、学生社区、校团委与各学院协调功能，优化各学院教学与学生管理职能，探索建立一个运行有效的教学和学生管理一体化管理模式、管理制度，使学生教育管理"到边、到底、到位"。比如，可以试行教学与学生管理联席工作例会制度、任课教师和辅导员交流协作制度、教风与学风建设联动制度等，并计划由教务处牵头，社区、校团委、学生学业信息咨询中心、各学院共同参与，完成教学与学生管理一体化的基本制度框架建设，从而为一体化管理提供制度保障。

（五）加强教学与学生管理一体化的信息建设

教学管理和学生管理一体化的信息系统的建成，可以实现信息的集中管理、分散操作、信息共享，使传统的管理向数字化、无纸化、智能化、综合化及多元化的方向发展，为此，高校要进一步完善教学管理和学生管理一体化信息系统的建设，以实现教学与学生信息资源共享及信息互动，促进管理的规范化，增强学校和学院两级教学与学生一体化管理协作，使其更好地为学校的育人功能服务。当然，教学与学生管理一体化信息系统涉及面广、功能性强，它的应用在为学校教学与学生一体化管理工作带来高效、便捷的同时，也将对今后的教学与学生一体化管理工作提出全方位的、更高的要求。

（六）强化"全员育人"工作机制

学生培养涉及教与学两个方面，必须实现二者的结合才能达到培养人的目的。高校要积极探索建立一个全员联动一体化，跨边界、无缝隙，管理重心前移与教学班的"全员育人"工作体系,实行多层面、多角度、全方位育人管理模式,即广泛调动、充分利用各层面管理人员的积极作用,包括班委成员、辅导员、学生家长、专业任课教师、校领导等,全力培养德智体美劳全面发展的合格人才。

一体化管理模式不是简单的合二为一,而是一种相互统一和相互促进的管理运行机制。因此,高校要紧紧围绕教学管理和学生管理的连接点——"育人",以教学为中心,激发教师教学的育人功能,促进专业教学和学生管理相互融合,从而逐步建立一个有特色、有效的教学管理和学生管理一体化的管理模式和运行机制。

四、科学性、时代性、层次性相融合

学生管理工作是学校教育的重要环节。随着高校改革的不断深入,高校学生管理工作日益成为社会关注的热点。以往主要运用制度化管理的高校传统学生管理方法开始受到人们的质疑。随着社会的发展和文明的进步以及现代高校管理理论的研究,人的重要性凸显出来。要解决学生管理工作的弊端,必须在学生管理工作中实现制度化管理与人性化管理的有机融合,充分发挥学校和学生双方的主动性,从传统的学校管理学生变为学校管理学生和学生参与管理相结合,注重人文关怀,尊重学生人格,关注学生身心健康,实现学生全面发展,满足社会对人才的多样化需求。

(一)学生管理工作制度化与人性化有机融合的意义

1. 学生管理工作制度化与人性化相融合克服了单纯制度化带来的弊端

传统管理模式下的强制性管理,只关注理性因素而忽视了人的因素,学生管理工作程序化、标准化和规定化。这种模式可使各级学生管理工

作者职责分明,学生管理工作井然有序地展开,其不足之处在于使学生管理工作者缺乏创造性和积极性,导致对学生的教育和管理机械化,学生本人的潜能、兴趣和个性等得不到有效的发掘和培养。学生管理一定要因人、因时、因事而异,应采用刚柔并济、人性化的管理方式,充分发挥学生的主观能动性,使学生由"要我学"变成"我要学",这是未来学生管理发展的趋势,也是当今社会发展的要求。在专业教学上,我们提倡"因材施教"。在日常学生管理工作中,同样需要因人而异,对症下药,对待不同的学生要采取不同的管理方法,只有这样才能尊重和促进大学生的个性发展。

2. 学生管理工作制度化与人性化相融合是学生工作发展的必然要求

无论是制度化管理还是人性化管理,其目的都是最大限度地调动师生的积极性,顺利实现管理目标——学生的全面发展。而激励大多数人、约束少部分人是制定制度必须遵循的原则,因此制定规章制度应得到大多数师生的认可并形成共识,使作为执行者的学生能积极感受到自己的义务与职责并自觉遵守,而不是消极地服从与执行。在规章制度的执行中,还要注意把握适度原则,坚持原则性与灵活性相统一,对学生中的具体问题要因人而异,灵活处理,这些都是人性化管理的基本要求。随着时代的发展和高校学生管理工作的改革,要求人性化管理的呼声越来越高,这是大势所趋,也是学生管理工作发展的必然要求。

3. 学生管理工作制度化与人性化相融合是培养高素质大学生的现实需要

现在"00后"的大学生绝大部分是独生子女,有些学生自尊心和个性比较强,凡事以自我为中心,不懂得尊重别人、关爱别人,更不懂得替别人着想,换位思考,缺乏实践能力和社会经验,承受挫折的能力较差。上述情况表明,传统的"一刀切"的学生管理模式已不适应大学生综合素质培养的要求。人性化管理正是针对不同层次的大学生所采取的"量身定做"的管理方式,这种模式把"教育对象"变成"服务对象",由过去的强制性管理转变为现在的服务性管理,这是管理理念的一个根本性的转变。这种管理理念的本质就是以学生为中心,明确学生是教育和管理的主体而不仅仅是管理的对象,是按照社会对大学生的素质要求实施的人性化管理。

（二）实现学生管理工作制度化与人性化有机融合的对策

随着全球经济一体化和网络的迅猛发展,学生的思想观念日趋复杂,传统的学生管理工作的管理理念、管理体制和管理方式难以适应新形势发展的需要,新时代高校学生管理工作改革和创新势在必行。

1.建立科学、规范、完善的学生管理人性化制度是基础

人性化管理是建立在科学、规范、完善的制度之上的,而规章制度则是依法治校的基础。因此,必须建立科学、规范、完善的制度体系,通过制度来充分表达学校对学生的管理态度和要求。为此,制度要合理科学,符合时代发展要求,既要体现对学生的要求,又要充分信任和尊重学生,同时还要体现学校的管理手段和方式。要以教育为主,处罚为辅,并为进一步促进学生全面发展营造更加宽松的氛围和空间。这就要求学生管理工作者经常开展调查研究,充分了解当代大学生的思想动向,听取他们的合理需求,甚至让他们参与制度的制定,使制度的产生立足于学生的现实需要,制定出公正合理、严格平等的学生管理制度。人性化管理不是放任管

理,更不是人情化管理,人性化管理是以严格的制度作为管理依据,是科学规范而具有原则性的,它不是降低规章制度的严肃性和公正性,而是更注重提高学生管理的水平,改变管理的方法和方式,其最终目的是要教育、培养和发展学生。

2. 转变观念,牢固树立"以学生为本"的管理理念是关键

理念主导行动。要做好高校学生管理工作,最重要的是转变观念,牢固树立服务意识,采取换位思维的方式,从学生的视角去看待问题和解决问题。各项工作必须立足于学生现实发展的需要,围绕调动学生的创造性和积极性而展开,把工作的着力点放到研究学生关注的热点和焦点问题上来,始终以学生的愿望和呼声作为工作的把手,把学生满意不满意作为检验工作的尺度,让个性在制度允许的情况下得到充分且自由的发挥。要积极构建学生成长成才的管理服务体系,从以强制性教育管理为主的工作格局转变到强化服务、引导和沟通的新格局上来,由传统的"教育管理型"向"教育管理服务型"转变,牢固树立"以学生为本"的管理新理念,使学生管理工作真正抓出成效。

3. 注重提高学生自我教育、自我管理的能力是重点

自我教育能力是指学生自觉主动地把社会要求的思想道德规范在内心加以理解,并通过实践转化为比较稳定的自觉行为的能力。当代大学生参与意识较强,他们乐于对自身的生活、学习进行决策和控制,因此学生管理工作者要有效调动学生的主观能动性,激发学生的参与意识,建立和实行以管理者为指导、以学生自身为中心的服务型管理模式,充分发挥学生在管理工作中的主体性作用。要善于多角度引导学生,采用多种形式,鼓励学生参与管理,培养他们的自律能力,尊重他们的民主权利,唤

起他们强烈的责任感,把外部的制度管理与学生内部的自我教育有机地结合起来。学生参与管理的形式是多种多样的,如组织学生成立自律会,检查、督导学校各项规章制度的执行情况,引导学生在管理过程中进行自我反思和自我教育,增强自律、自强意识,帮助学生完成从"他律"到"自律"的转变;让学生参与伙食管理委员会、宿舍管理委员会或担任班主任助理等工作,组织开展各项文明评比活动,学生有权对涉及自身利益的大事向学校提出建议;放手让学生会、团委及相关社团组织开展各项活动,体现学生的主人翁地位。在这种管理模式中,学生具有双重身份,既是管理者,又是被管理者;既学会知识又学会做人,学生的责任感和自我管理能力将得到显著提高。

4.建立一支稳定、优秀的学生管理工作队伍是保障

制度化与人性化有机融合的管理模式对管理者提出了较高要求。在学生管理工作中,每个管理者主观能动性的发挥,都直接影响着学生管理工作的质量和效率。因此,做好学生管理工作,就必须建设好辅导员和班主任队伍,不断把德才兼备的年轻干部和优秀毕业生充实到学生管理工作队伍中来。榜样的作用是有效管理的关键。教师作为管理者,要通过自己的行为去影响学生,因此需要教师具有良好的品德及知识素养,处处树立榜样作用,在学生管理工作中融入自身的人格魅力,在工作中还应注重学习,不断提高自己的理论水平和业务能力及正确的决策能力;重视学生在管理中的重要作用,尊重学生,把他们视为自己的朋友,及时发现和表扬他们的优点,以提醒的方式指出不足之处,少当众批评,多用鼓励、启发、商量的方式与学生沟通,尽量避免使用命令语气;用公平、公正的态度对待学生,对学习好的学生从精神和物质上给予奖励,对出现差错或违

反规章制度的学生,帮助其改正;在工作中应时刻保持谦虚的作风,善于多方听取学生的意见,修正工作上的不足和偏差。另外,还可采取听报告或讲座,调研或进修等多种形式,加大对学生管理工作者的培训力度,使之真正成为一支理论知识扎实、业务能力强、管理经验丰富的优秀队伍。

高校学生管理工作制度化与人性化有机融合是一种新型的学生管理工作模式。人性化管理和制度化管理并不是对立的两个极端,而是在不同层次上的两种管理手段。在制度化管理中加入人性化管理,实行人性化管理而不忘制度化管理,是管理的最高境界。因此,在学生管理实践中更新观念是前提,建立制度是重要保证,研究学生需要是基础,学生参与管理是基本原则,激励是重要手段。只有这样,才能充分发挥"以学生为本"的教育理念在管理学生方面的作用,更好地促进高校学生的全面发展。

第四章　高校校园文化建设的实现路径

第一节　高校校园文化建设的目标和原则

在现代社会,高等学校被誉为人类社会发展的"动力站"。知识的保存、传授、传播、应用和创新,文明的传承和进步,人才的发掘与培育,科学的发展与技术的更新,社会的文明与理智,不同文化间的交流与沟通,无不以高校作为基础。高校是社会主义精神文明建设的重要阵地,高校在某种程度上是社会思想和文化的中心。高校教育所传播和创造的文化、科学知识,不仅能促进高校文化建设的进步,也能促进社会文化的改造和革新,因此高校校园文化建设被提到了新的历史高度。

一、重要地位

高等教育如果不谈文化或对文化建设不予以充分重视,那么这所高校就不能获得长足的发展。实际上,一流的高校,特别是历史悠久的高校,无不在有意或无意地培育一种文化生活。具体来说,高校校园文化建设的重要地位主要体现在以下几个方面。

首先,高校校园文化建设集中体现了中国先进文化的前进方向。高校校园文化是社会主义精神文明建设的重要组成部分,作为一种亚文化形态,它不可避免地留下了社会文化的痕迹和烙印。高校校园文化是社会文化的"晴雨表"和"创新地",通过创造先进的文化成果及高质量人才的输出来引导社会文化的发展,代表了社会文化中的先进层次。高校在文化传承过程中的地位也相当重要,由于拥有较强的教学科研实力,高校可以为先进文化的发展提供强大的条件支持和发展空间。新时代高校不断推进校园文化建设,也就是牢牢把握住了先进文化的发展趋势。

其次,建设先进的高校校园文化既是创建现代一流大学的客观要求,也是大学生全面发展的必然选择。现代高校所具有的学术性、教育性、开放性、综合性、自主性等多种属性均会体现在校园文化建设之中,反映在学校师生的学风和教风之中,如果没有先进的校园文化的营建,就不可能有现代一流大学的突起,高校就会失去引导其发展壮大的力量源泉。全球化、信息化和社会转型的国内外环境使学生面临的文化选择具有多样性,按照先进文化的要求,主动出击,正面引导,积极推进先进的校园文化建设,营造一种催人奋进,能够满足学生需求、反映学生特点的校园文化氛围,成为提升学生全面素质的必然选择。

最后,建设和谐的高校校园文化是建设和谐校园的基础。高校学生涉及千家万户,家长时刻牵挂,社会普遍关心,对社会的和谐稳定有着重要影响,所以建设和谐校园是构建社会主义和谐社会的基础。建设和谐校园必须要有与之相一致的和谐校园文化。建设和谐校园文化的目的是培养全面和谐发展的人才,在育人的过程中,和谐校园文化使德育、智育、体育、美育、劳育相互渗透,相互交织,呈现为一个相互和谐、统一完整的过程,对于大学生思想观念、价值取向和行为方式有着潜移默化的影响,具有重要的育人功能。和谐校园文化中所蕴含的尊重知识、尊重人才、尊重劳动的良好工作氛围及和谐人际关系等,为建设和谐校园提供了强大的精神动力。

二、基本目标

高校校园文化应当追求什么样目的,确定什么样的发展方向,这是校园文化建设带有根本性质的问题。因为校园文化建设追求的目标和发展的方向,直接反映的是高校办学的根本宗旨,即"为什么办""为谁办""怎么办"等重大问题。方向不同,选择的途径和方式会不同,导致的结果也就必然不同。

从根本目的上来讲,人才培养是高校的根本任务和根本使命,高校校园文化的出发点和落脚点也都是为了育人,也就是说,培养德才兼备的社会主义事业的建设者和接班人,造就具有创新意识、创新精神和创新能力的创新人才是校园文化建设的根本目的。从这个意义上而言,校园文化创新就是为培养和造就高素质的创新人才营造良好的氛围和沃土,这无疑如同给树木生长供给空气、阳光、水分和养分一样,使树木在良好的环境条件中,成长为栋梁之材。

通过校园文化创新,强化校园文化教化、熏陶、示范、规范、激励等育人的功能,打造人才脱颖而出的机制,形成校园出人才、出成果的良好环境和氛围。同时,要把培养创新人才的成效作为检验和评价校园文化创新的重要尺度和标准,进一步促使校园文化形成以培养人才为中心和重心的创新机制,全面提高学校培养人才的质量和水平。

三、需要遵循的原则

高校校园文化建设的基本原则是由校园文化的发展方向和根本宗旨所决定的,也受自身发展规律所制约,是校园文化建设过程中在指导思想、根本宗旨、依靠力量、方式途径等方面必须坚持的基本法则和标准。

高校校园文化建设必须遵循正确的原则。这既是校园文化建设沿着正确方向发展的基本要求，又是校园文化建设取得良好成效的有力保证。

（一）方向性原则

高校校园文化是社会主义文化的重要组成部分，具有鲜明的政治特点，高校校园文化建设要符合国家发展的主旋律，与教育改革的方向相适应。为此，校园文化必须坚持正确的政治方向，也只有这样，才能保证校园文化的先进性、优质性和高品格。这就是说，只有坚持以马克思主义先进理论为指导，才能保证校园文化建设的先进性，使校园文化创新沿着正确的方向发展，引领社会文化的发展；才能准确认识和正确把握校园文化创新的规律和方法，使校园文化在创新中发展，在发展中创新，不断开创新局面，取得新成果。

在坚持正确的指导思想的前提下，积极借鉴和吸收人类一切文明成果和精神财富，克服和摒弃一切没落腐朽的东西，使校园文化既保持正确的发展方向，又健康活泼，充满活力。然而，值得强调的是，我国经济成分和利益的多元性导致了文化的多元性，还由于不同类型高等学校文化的价值取向、文化修养、知识结构、志向追求等方面的差异，促使校园文化呈现多样性。在这种情况下，我们不能在指导思想上有任何的动摇和偏差，必须坚定不移地坚持马克思主义指导思想在校园文化创新中的主导地位和指导作用，不断增强师生员工的社会主义理想信念，努力为中华民族的伟大复兴而创造出更加辉煌灿烂的文化。

（二）主体性原则

高校师生是校园文化建设与创新的主体和依靠力量。没有他们的作用，没有他们积极性、主动性、创造性的发挥，就没有校园文化的生成、创新与发展。高校师生知识丰富,思想敏锐,勇于进取,要激发和调动他们参与校园文化建设的积极性、主动性和创造性,释放潜能,发挥作用,集思广益,群策群力,把校园文化推向新的发展水平。

激励和发挥师生员工的积极作用,就要重视他们在校园文化建设中的主体与主导作用,尊重他们的个性及其差异性,鼓励他们敢于冒尖,张扬个性,让他们在校园文化的舞台上,尽情地展示才能。要尊重和肯定他们的首创精神,变消极因素为积极因素,变被动为主动,充分发挥他们的积极性、主动性和创造性。只有把师生员工主体性的作用发挥出来,才能真正体现校园文化建设的本质内涵,才能最终实现校园文化建设的根本目标,形成激情迸发、生机盎然的校园环境和氛围,创造出丰硕辉煌的文化成果。

(三)传承与借鉴原则

历史继承性是文化的固有属性,当然,这种历史继承性是有条件的,是对以往文化的"扬弃"。传承文化是高等学校的基本功能,传承性是高校校园文化作为先进文化的基本品质。一切先进文化都不可能也不允许摒弃民族优秀的传统文化,否则,就会成为无源之水,就会失去根基。因此,丰富而全面的中华民族传统文化是高校校园文化建设的传统根基和文化土壤,高校校园文化建设要深深地根植于其中,充分利用、挖掘其优秀的价值资源,并给予大力继承和发扬。

高校校园文化是经过长期的历史积淀、凝聚、发展而形成的,并随着时代的变迁、社会的进步和学校的发展而得到不断的拓展、深化和丰富。高校校园文化是一个开放的系统,它的发展不仅要传承中华民族优秀的传统文化,还应对人类社会创造的一切优秀文明成果包括西方国家优秀的文明成果加以学习借鉴,取其精华,去其糟粕。

(四)服务性原则

高校校园文化建设紧密围绕学校中心工作,服务学校发展大局。在现代教育发展中,校园文化的作用日益突出。它有利于增强学校的凝聚力、向心力,有利于整合学校内部各种力量和资源,有利于正确引导和处理好各种矛盾和冲突,对学校的发展和管理具有不可替代的积极意义。高校校园文化建设的重要目标就是努力使校园文化建设与学校改革发展进程和谐一致,实现共同的育人目标。

高校聚集一大批思想活跃的知识分子群体,这里所产生的思想和文化对整个社会具有强大的辐射力、影响力。加强校园文化建设,是高校一项具有基础性、战略性、前瞻性的工作,必须与推动社会主义文化大发展大繁荣,为国家和地方经济社会发展贡献力量结合起来。校园文化既要成为科学萌生的催化剂,又要成为科学思想发展的重要载体;既要从先进文化中汲取营养和力量,又要为社会主义文化大发展大繁荣提供强大动力;既要充分发展高校内部的文化,又要在此基础上引领社会文化。

四、需要处理好的关系

高校校园文化建设是一个系统工程,涉及方方面面。在校园文化建设中,必须明确和处理好以下几个关系。

(一)"硬件"建设与"软件"建设的关系

文化设施、文化队伍、人文景观等是校园文化建设的"硬件",而校园精神、文化心理、文化制度等则是校园文化建设的"软件"。"硬件"建设是"软件"建设的基础,"软件"建设是"硬件"建设的条件。因此,校园文化建设一定要坚持"两手抓,两手都要硬"的方针,不可偏废。当前部分高校客观存在重"硬件"建设，忽视"软件"建设的倾向，对于这些高校，更要以高度的文化自觉，对校园文化建设做出全面、长远的考虑，更要重视"软件"建设的作用。

（二）时代文化与传统文化的关系

世界文化多元化的发展趋势、我国改革开放和社会主义市场经济体制的确立必然影响我国社会主义文化的发展趋势。在世界范围开放的状态中，各种文化相互融合、碰撞，各种文化以前所未有的速度向现代化迈进。这种文化的嬗变加快了我国社会文化走向综合化。现阶段高校校园文化建设更加现代化、更加开放，但并不能忽视优秀传统文化的滋养。显然，校园文化由于具有超前性和探索性的特点，必然在这场文化革新中走在前列。然而，在社会文化中，有很多历史悠久、影响深远的传统文化又无时无刻不与校园时代文化进行融合，校园文化正是在这种融合中发展。

（三）共性与个性的关系

高校校园文化是社会文化的重要组成部分，具有社会文化的共同特征，发挥着社会文化应有的作用，遵循着社会文化建设和发展的普遍规律，体现着社会文化的共性。

然而，作为社会文化的一种独特的文化类型，校园文化应表现出其个性。高校校园文化建设要做到卓尔不群、独具个性，才能在多元化的格局中立足、发展。每一所学校有自身历史的、文化的传承，高校的个性在很大程度上取决于高校文化的个性，没有文化的个性，就难形成富于特色优势的高校。因此，高校校园文化建设要从学校实际出发，深入研究学校本身的发展历史，认真总结学校的传统、精神、特色，提炼、培育和弘扬学校的文化个性与特色，促进高校校园文化向纵深发展。

（四）普及与提高的关系

高校校园文化活动的开展,既要抓普及,吸引师生积极参与文化活动,使人人参与、人人发展;又要抓提高,使校园文化建设上水平、有品位。既要照顾到大多数人的需要,也要满足高层次的需求。例如,群众性的文体活动、科普知识讲座等即是校园的大众文化,属于普及型文化:而美声、钢琴等文艺内容的鉴赏、文学创作、科技制作等就属于较高层次的校园文化。在校园文化建设中,从师生员工的实际出发,既抓普及基础上的提高,又抓提高指导下的普及,才能促使更多的人才脱颖而出。

（五）科学精神和人文精神的关系

高校校园文化建设要倡导以实事求是、独立思考、严谨规范、求真务实为基本内涵,以求真为目标、以创新为灵魂的科学精神。高校是传播科学并进行科学研究的地方,高校里所崇尚的科学精神要求对个性多元化进行包容,各种新思想、新理论、新观点、新方法在高校相互交流碰撞,产生智慧的火花,在新的视野中推动着科学的发展。科学精神为高校发展注入坚强的生命底蕴,并发挥出强有力的价值导向、群体凝聚力和社会辐射力等功能。所以,科学精神是高校生存与发展的原动力,是高校生机和活力之所在。

高校校园文化建设要尊重人的价值,注重人的精神生活,以求善求美为目标,坚持以"以人为本"为核心的人文精神。纵观有成就的科学大师,无不具有深厚的人文功底。高校校园文化建设要努力做到弘扬科学精神与人文精神相统一。

第二节　高校校园文化建设的机制构建

"机制"一词最早源于希腊文,原指机器的构造和动作原理。现在,通常情况下,它泛指一个工作系统的组织和部分之间相互作用的过程和方式。高校校园文化建设是一项重大的系统工程,涉及内容庞杂,参与面广,要让这样一个复杂而庞大的系统高效健康地运转起来,就必须建立起科学合理的运行机制。只有这样,校园文化建设才能形成良性、可持续的发展态势,其引导和规范师生员工、促进学校发展等功能才能真正实现。一般而言,校园文化建设的机制应当包括科学的员工管理机制、高效的协调机制、有力的激励机制和完善的保障机制等。

一、管理机制

校园文化建设是一项全局性的工作,必须要有坚强的领导,有科学合理的管理机制,通过全员参与,共同努力,才能进一步开创校园文化建设的新局面。高等学校要从学校发展和人才培养的战略和全局高度,充分认识加强校园文化建设的重大意义,统筹规划校园文化建设。要成立学校党政主要领导任组长的校园文化建设领导小组,统一领导和指导本校校园文化建设。

(一)加强领导,完善校园文化建设组织机制

一套高效的校园文化运行机制,必须要以坚实有力的领导组织作为保证。为此,应当形成以学校党委统一领导,党政齐抓共管、各单位分工协作的组织领导机制。

具体来讲,首先,在学校党委的统一部署下,建立以学校党政主要领

导为组长的校园文化建设领导小组,该小组由校、院党政主要领导和分管领导及相关单位部门负责人组成,负责校园文化建设的顶层设计和全局研判,确定校园文化建设的总体目标、任务和要求,制订校园文化建设总体实施方案,并对校园文化建设的过程、进度和效果进行指导和监督。

其次,各院系要成立以院系党政主要领导为组长的院系校园文化建设领导小组,小组成员应包括院系党政主要人员、分管领导、班主任及学生干部等,负责校园文化建设的实施和开展,其中既包括根据学校总体安排开展校园文化建设的"规定动作",也包括根据院系实际情况自行开展的"自选动作"。同时,各院系领导小组还需及时将校园文化建设的需求、进展和效果等向学校校园文化建设领导小组汇报和反馈。

再次,宣传、学工、工会等主要职能部门要充当校园文化建设的中坚力量,一方面,他们要根据校园文化建设的需要,科学组织和开展全校性的校园文化建设活动和项目,在全校的校园文化建设中起到标杆和示范性作用,引领校园文化建设和发展的方向;另一方面,他们要对各院系的校园文化建设工作进行宣传和指导,负责贯彻、督促、落实学校校园文化建设方案的实施等。

最后,财务、基建、后勤、保卫等部门要充当校园文化建设的协助和补充力量,提供保障,确保校园文化建设各项工作的顺利开展。

通过设置科学合理的组织机制,加强对校园文化建设的领导,校园文化建设就能够真正落到实处。需要特别指出的是,校园文化建设难以立竿见影,它是一个漫长的、持之以恒的过程,对师生员工的影响也是潜移默化的,要防止急功近利、心态浮躁。学校党政领导,特别是党政一把手要高度重视校园文化建设,亲自参与校园文化建设的重大决策,主动调查了解校园文化建设的动态和热点,切实解决校园文化建设中遇到的困难和问题等,加大校园文化建设的力度,推动校园文化建设扎实有效进行。

(二)提高认识,优化全校师生员工参与机制

校园文化建设是一项系统工程,与学校各个方面的工作密切关联,事关学校每一位师生的切身利益。校园文化建设得好,学校会形成优良的学风、教风和校风,更有利于师生的学习、工作和生活,促进他们更好发展和成长成才。因此,校园文化建设不是单个或几个部门的事情,而是全校所有师生员工的事情,需要学校的每一位成员为之努力,需要大家共同参与,共同协作,共同营造健康优越的学习、工作和生活环境。

让全校师生员工都参与到校园文化建设中来。首先,在观念意识上要提高认识,让每一位师生员工都认识到校园文化建设的重要性,意识到自己的一言一行都与校园文化建设息息相关。特别是对于从事教学和研究工作的教师,要让他们明白校园文化建设不单单是学生的课外活动,更体现在自己的教学和研究的工作当中,体现在每一位教师由内而外流露出的气质和魅力中,体现在自己培养的学生品德和素质中。其次,在校园文化建设过程中,要创造环境、创造机会让师生员工有充分的条件参与进来。因此,在文化活动的设置上,既要有适合绝大多数普通学生参与的活动,也要有适合有特殊专长学生参与的活动;既要有轻松活泼的文体活动,也要有严谨专业的学术活动,让青春的活力在校园迸发,让创新的智慧在校园闪耀,给每位师生以施展才华、展示自我的舞台和机会。再次,学校要为师生员工参与校园文化建设提供政策保障,对积极投身校园文化建设的师生员工要给予支持和奖励,鼓励教师将自己的教学和研究工作与文化建设相结合,主动为学校的校园文化建设贡献力量。重视第二课堂的建设,将师生建设和参与第二课堂的成效与其工作和学习的评价相结合,充分调动他们参与校园文化建设的积极性。

浓郁丰厚的校园文化必定是全校师生员工共同努力、共同参与的结果,优良的校园文化也将更加有益于师生员工的学习和工作,二者是相辅相成、互促互进的。因此,全校师生员工要充分认识到自己在校园文化建设中应尽的责任,积极投身校园文化建设。

(三)统筹协调,不断提高管理的科学化水平

鉴于校园文化建设的长期性,必须将校园文化建设的总目标和总任务进行科学而详细的分解,将这些分解后的目标和任务分配到各级单位,明确各级职责范围,层层落实,并建立领导责任制和目标管理体制,形成可量化的考核指标体系,根据既定的考核指标,定期进行严格考核,从而促使校园文化建设的目标和任务抓实抓好。当然,对建设目标和任务的分解分配必须以充分的调研为基础,要充分考虑到任务承接单位的具体情况,如可将校园艺术发展分配到艺术类院系,将校园景观建设分配到宣传、建筑、设计类单位。

学校要统筹校园文化建设的资源分配,即要根据既定的目标和任务,进行人力、财力、物力等相应资源的分配。需要指出的是,校园文化建设的资源并非分配到相应的建设单位就完成了,而是应当建立起科学的资源管理制度,对资源的使用情况进行有效的监督和跟进,对未能合理利用的资源要坚决收回,对需要补充的资源要进行评估,对浪费资源的现象要批评惩罚,通过这些措施,避免资源的浪费,确保物尽其用,支撑校园文化建设工作的顺利开展。

校园文化建设有总体有局部、有重点有细节、有先行、有后进,因此对校园文化建设的各个部分、各项活动、各个项目要有相应的管理思路。总体来讲,对于全局性的、重大的校园文化建设项目,学校校园文化建设领导小组要统一领导、统一部署,要加强质量控制,将过程管理与目标管理相结合,强调每一个环节的权利和责任,确保建设的实效,如对校园环境、人文景观的规划和改造等。相反,对主要在基层单位开展的局部性的校园文化建设项目,应当尽可能地给实施单位以充分的自主权,使校园文化活动在全校呈现出争奇斗艳、百花齐放的兴盛局面。例如,各院系自行组织开展科技节、文化节、艺术节等文化活动。当然,对由基层单位组织和实施的校园文化建设工作,学校校园文化建设领导小组在提供资源支持、下放权力的同时,也要加强目标管理,对工作的效果进行监督评价,确保能够对全校的校园文化建设工作起到积极的推进作用。

二、协调机制

鉴于校园文化建设的复杂性,要处理好校园文化建设与社会文化发展、学校其他各项工作,以及校园文化建设内部各方面的关系,必须加强校园文化建设内外各要素的协调,使校园文化建设与学校发展、社会发展和谐同步。

(一)校园文化建设与社会文化发展相协调

在校园文化与社会文化的关系上,我们要认识到,社会文化是主文化、大文化,校园文化是从属于社会文化的亚文化,二者既有联系又有区别。一方面,校园文化与社会文化具有明显不同。从范围上看,校园文化主要局限于学校内部,它是社会文化一个局部领域的文化形态,而社会文化是存在于各个领域的一般文化;从主客体上看,校园文化主要由学校师生员工创造,惠及对象也是校内师生员工,而社会文化的主客体则是社会民众:从内容上看,校园文化主要关于学校教学、研究、管理等各方面,而社会文化内容则是社会生活本身,表现为各种各样的实践活动。另一方面,校园文化与社会文化又是相互渗透、相互制约的。校园文化虽是一个相对独立的文化系统,但它并不是封闭的。校园文化在其形成和发展过程中是动态的、开放的;社会文化则是校园文化系统的重要来源,对校园文化具有重要影响,它在一定程度上影响着学校的办学理念、办学思路。同时,校园文化对社会文化也有重要的辐射和促进作用,甚至从某种程度上讲,校园文化可以说是社会文化的晴雨表,它促进着社会文化的不断发展。校园文化对社会文化的作用主要是通过造就、熏陶人才的独特品格和精神风貌,以及营造高等学校这个特殊群体共同形成的特有的文化氛围来实现的,并从根本上推动着社会文化的发展与进步。

可见,校园文化不能脱离社会文化的大背景谈建设,否则就成为无源之水、无本之木,它必须紧跟社会文化发展的潮流,与其相适应,时刻处于动态的变化和发展当中,以创新的精神和行动迈进。基于校园文化与社会文化的差异,校园文化想要保持旺盛的生命力,就必须服务于学校教学育人的根本任务,立足于本校的实际,坚持自己的个性,形成特色。校园文化如果没有自己的特色,就会或混同于社会文化,或千篇一律,这将不利于校园文化长久持续地发展。

(二)校园文化建设与学校整体发展相协调

高校发展涉及方方面面,包括教学、科研、科技服务、党建、校园文化、人才队伍、国际化、后勤服务等诸多内容,校园文化建设是其中一项工作。但校园文化建设又与高校的其他各项工作保持着密切联系,因此必须将校园文化建设与学校其他工作协调起来,使校园文化建设的目标和任务与学校整体发展的目标和任务统一起来,共同进步,共同发展。

首先,应当将校园文化建设纳入学校事业发展的全局统筹考虑,在制订学校中长期和年度发展规划时,要充分考虑校园文化的权重,将校园文化建设摆到恰当的位置,并根据学校的总体规划和目标,为校园文化建设设定相应的目标和任务,使得校园文化建设与学校整体发展步调一致,协调统一。

其次,要在校园文化建设与教学、科研、社会服务等各项工作之间建立互通、联动机制,使各方的人力资源、信息资源、硬件资源等能够互通互享,使校园文化建设在更广的范围,以更加多样的形式得以开展。例如,创造条件使专业教师积极参与学生社团活动,结合科研工作开展各类科技竞赛活动,结合社会服务开辟学生教育活动基地,结合国际化开展留学生的文化交流活动等。通过建立这种协调机制,学校的各条战线都能参与到校园文化建设工作中来。

最后,结合高校校园文化社会主义核心价值观教育的主题、任务和目标,加强融入机制建设,明确全校教职员工在思想育人工作方面的职责,将思想育人融入教育实践的全过程。注重将社会主义核心价值体系的构建渗透教学、科研、工作和生活的各个方面,充分体现课堂育人、实践育人、环境育人、活动育人,使学生潜移默化地接受社会主义核心价值观教育,内化于心,外化于行。

(三)校园文化建设内容之间相协调

高校校园文化的内部结构可分为物质文化、制度文化、行为文化和精神文化四个方面。同时,这四个方面也是校园文化建设的主要内容。校园文化建设应注重这四个方面的内容内在统一、协调发展。但事实上,高校的校园文化建设普遍存在重活动而轻制度、重表层而轻深层的现象，主要表现为校园文化活动繁多，学校缺乏统一规划，难以形成品牌效应，学生疲于应付且收获有限。个别高校动辄大兴土木，投入大笔资金修路造林，但对提炼和推广学校的内核精神兴趣不大，高等学校的精神、校训等常被抛诸脑后，甚至已在学校学习、工作和生活多年的师生仍不知道自己学校的精神和校训。出现这种现象的原因是多方面的，但与部分领导急功近利，热衷于做表面工作等有关。因此，在校园文化建设过程中，精神文化、制度文化、行为文化和物质文化必须协调发展，做好整体规划，给每部分内容以合理的定位，特别是对于精神文化和制度文化，要更加重视，绝不能顾此失彼，偏倚一方。

校园文化建设内容的不协调，除表现为上述各层次发展的不平衡外，还表现为各部分内容发展方向的不一致性。健康的校园文化应当表现为精神文化、制度文化、行为文化和物质文化具有内在统一性，精神文化是校园文化的一个方向，为达成同一个目标而贡献力量。一般而言，精神文化是校园文化的核心和灵魂，它统领着制度文化、行为文化和物质文化的建设方向，学校的制度文化、行为文化和物质文化建设都将围绕着学校的办学理念、办学思想、办学愿景等来开展。但当前高校中各部分内容建设的不一致屡见不鲜，如校园环境建设片面追求新颖时尚，却不能体现本校的办学历史和发展特色。因此，校园文化建设在设计和规划阶段，就应当根据本校发展特色和实际，明确校园文化建设方向和目标，使其精神文化、制度文化、行为文化和物质文化能相互协调、相互补充，各部分形成良性互动，共同完成校园文化建设的目标和任务。

（四）校园文化建设载体之间相协调

校园文化活动是校园文化建设的重要载体,目前高校普遍存在校园文化活动种类多、数量多,但重复性高、层次低的现象,难以形成优势和品牌项目,对校园文化建设的促进和提升作用有限。因此,要统筹好各种校园文化活动,形成合力,就必须把握好以下两点：一是打造品牌。对校园文化活动进行科学分类,突出重点,如按照科技服务、学术创新、文艺体育、社会实践等将校园文化活动进行合理规划,确定每一领域的建设目标,并明确各自主要的依托单位和平台,着力在各个领域培育出品牌活动。在校园文化活动的各个方面都培育出若干领头羊,并由其带动全校参与其中,服务于整体品牌的建设,避免各单位活动的低层次、无意义的重复。二是充分调动校园文化活动的主体积极性。由于校园文化活动以学生为主体,因此要重点抓住学生社团和学生班级这两个主体。在活动开展过程中,要在各社团、各班级间建立起良性的协作和竞争机制,使全校学生都能够有恰当的途径参与到活动当中,并通过社团、班级培养自己的竞争和合作意识。

学校的网络、校报、杂志、广播、橱窗等是校园文化建设的重要平台,但目前这些平台在校园文化建设过程中发挥的作用比较有限,这主要是因为,在新媒介日渐盛行的背景下,部分高校的不同媒介仍然各自为政,缺乏相应的融合,从而导致整体效应不突出。因此,这些校园文化建设平台要达到效应最大化,就必须走媒体融合之路,从组织、内容、队伍、平台等多方面着手,提升专业化水平,实现真正意义上的资源共享和优势互补。各媒体间在内容上要相互衬托,在介质上要相互融合,各媒体“和而不同”,如校报刊载的重大事件,电视上会配以专题片;新闻网除图、文作品外,也要融入影视、音乐作品等。这样,才能避免各说各话,相互协调和配合,形成合力,达到宣传效应的最大化。

三、激励机制

有效的激励机制能够调动人的积极性,激发人的创造力,而校园文化建设是一项需要全校师生员工共同参与的工作,因此必须建立起强有力的激励机制,才能吸引广大师生员工投入校园文化建设。激励机制的构建要根据师生员工的心理活动规律,摸清他们真正的需求,同时要使校园文化建设的目标与社会主义核心价值体系建设的目标相一致,最大限度地激发全校师生员工参与校园文化建设的动机。

(一)物质激励与精神激励相结合

物质激励,又可称为"薪酬激励"或"绩效激励",它是以奖金、实物、待遇等形式,对在校园文化建设中做出突出贡献的单位或个体给予一定的物质奖励,进而激发他们参与校园文化建设的积极性和创造性。例如:对积极参与校园文化活动的教师和学生给予加分奖励;对指导学生参加科技竞赛和社会实践并获得重大奖项的教师,给予破格晋升职务和专业技术职称;对创造校园文化品牌活动的院系和学生团体,给予资金和物质支持等。通过物质激励,既为投身校园文化建设的单位和个体提供物质支持,又进一步激发他们继续努力向前迈进的热情。

精神激励的作用是巨大的,有时甚至比物质激励的效果更加明显。因此,校园文化建设中要注意运用精神激励,即通过表扬先进、颁发荣誉、树立标杆,包括颁发奖状、奖牌和授予各种光荣称号等方式,给参与校园文化建设的单位和个体以充分的肯定,使其充分体现和感受自身的价值,从而激发他们的积极性和创造性。运用精神激励,既要重视鼓励先进,建立榜样激励机制,也要关心后进,倡导尊重人、爱护人、帮助人,从而在全校营造崇尚先进、你追我赶的良好氛围。

需要指出的是,物质激励和精神激励应当相互结合,片面强调一方面而忽视另一方面都是不恰当的。特别是在当前市场经济的大环境下,不少高校过分强调物质激励,这从表面上看,确实调动了师生的参与热情,但可能也进一步强化了人们的功利性,而且工作的质量也无法得到保证,长期来看,这并不利于校园文化的健康发展。过度的物质激励带来的副作用很大,如单位或个人间恶性竞争、师生关系功利化等。因此,在加强物质激励的同时,必须强调精神激励,使师生员工在参与校园文化建设中充分体现自身的价值,提高自觉性,从而真正激发出师生的积极性和创造性,使校园文化建设健康顺利开展。当然,二者在运用过程中应当根据具体情况的不同而有所侧重,如针对勤工助学学生的技能竞赛,应侧重物质激励;针对教师的课堂教学竞赛,则更应侧重精神激励。

（二）目标激励与竞争激励相结合

设置科学合理的目标是激励的重要方式之一,恰当的目标能够激发人的热情,并使人为之努力。在校园文化建设中,校园文化建设的内容应当是学校总体目标的组成部分。学校的总体目标是全校师生员工凝聚力的核心所在,指明了全校师生员工努力的方向,体现了师生员工的意愿和追求,能激发他们的强烈的责任感和使命感。而各单位和个人在设立各自的目标时,应当将学校的总体目标、单位的目标和个人的奋斗目标结合起来,保持总体方向的一致性,从而使每个人在完成个人目标的同时,又推动学校向总目标迈进。

在向目标迈进的过程中,学校还应当将竞争机制引入校园文化建设过程中。一方面,可以进一步增强师生员工的危机意识、自觉意识和竞争意识,从而激发他们的创新活力;另一方面,也可以在竞争中使优秀师生员工尤其是优秀的学生脱颖而出,在群体中树立榜样,从而产生强大的示范辐射力。在具体操作过程中,可开展类型多样的评优活动,这些活动也不应局限于校内,可与其他高校横向联合和比较,如跨学校的知识竞赛、研讨活动等,从而进一步拓宽师生的接触范围和视野,更有利于他们的成长和发展。需要注意的是,在校园文化建设中引入竞争激励应当是良性的和有益的竞争,在竞争的过程中,教师间、同学间、师生间既竞争又合作,大家在相互比较中共同努力,在见贤思齐中反思,互促互学,共同进步。为此,设置竞争激励就必须注意让竞争沿着正确的方向发展,保证竞争在公平基础上进行,通过对竞争动因、过程和目标的引导,使大家在竞争中共同迈向成功的彼岸。

(三)正激励与负激励相结合

在校园文化建设过程中,通过奖励和惩罚对行为人的行为方式和行为结果进行评价调节,是激励的一种重要方式,对此我们将奖励的激励方式称为正激励,将惩罚的激励方式称为负激励。

正激励包括物质奖励和精神奖励,如奖金、升职、荣誉等。通过正激励,能够为师生参与校园文化建设指明方向,树立榜样,能激发和维持正确的动机,倡导和巩固正确的价值观。负激励也有多种形式,如罚金、降职、纪律处分等。负激励既可以让犯错的行为得到惩罚,纠正其错误行为,又可以警示其他人,引以为戒,进而将潜在的不良动机减弱甚至消退,使大家都朝着健康正确的方向行进。

正激励与负激励相结合即要求赏罚分明,奖功罚过,奖优罚劣,只有这样,才能使校园文化建设的先进工作者得到肯定,进一步激发他们的工作热情;才能使后进者感到压力,受到鞭策,进而追赶先进,在全校形成人人争先的良好局面。否则,奖罚不清,是非不明,就会形成干多干少一个样,干与不干一个样,这必然会挫伤师生参与校园文化建设的积极性。因此,只有正激励与负激励相结合,才能真正发挥出激励的效果。当然,由于正激励是一种主动性激励,能够使人心情愉悦;负激励是一种被动性激励,容易造成情绪压力。因此,实际校园文化建设工作中,应当以正激励为主,负激励为辅,激发师生以主动自觉的行动投入校园文化建设工作中。

四、保障机制

校园文化建设的目标要顺利、高效地实现,必须建立健全校园文化的保障机制,从政策、队伍、物质、制度等各方面给予支持。下面,我们将从校园文化建设的物质保障、制度保障、队伍保障三个方面进行论述。

(一)校园文化建设的物质保障

校园文化建设必须要有一定的经费予以支持和保证,因此高校应当把校园文化建设经费纳入学校整体预算,加大经费投入的力度。经费投入的范围,既包括常规性的教育活动经费、大型宣传活动经费,也包括基地平台建设、设备物资购置等所需经费。此外,在特殊时期,针对校内外的一些重大事件和重大活动,还应提供相应的专项经费,从而保证校园文化建设各项工作的顺利开展。

校园物质环境是开展校园文化建设的"硬件"基础,物质环境既包括校园的地理位置、地形风貌等自然环境,也包括校园建筑、人文景观、教学研究和学习生活条件等非自然环境。主要包括校园整体规划精心设计、布局合理,校园建筑与校园环境和谐统一、彰显特色,图书馆、校史馆、展览馆等资料齐备,教学、科研设施完善,学习环境优越,各种文化、体育、科技活动场所丰富,校报、新闻网、广播、电视、橱窗、阅报栏、宣传栏等宣传阵地建设良好等。

与校园物质"硬性"环境相对应,"软性"环境也必须要跟得上,与"硬性"环境相配合,校园文化建设物质保障的作用才能真正体现。如对校园景观、道路、建筑及各式小品的命名,既要符合环境对象本身的物理特征,也要充分体现它所承载内容的特点,要将学校的发展历史、办学特色、发展理念等充分考虑进去,使校园环境的每一部分在满足实用功能的同时,又具有教育和审美功能,使校园物质环境的建设成为一种传播真善美、陶冶情操的活动。只有软硬结合,才能真正优化校园环境,营造和谐向上的育人氛围。

此外,需要注意的是,校园文化建设并不仅局限在校内,相反,它与社会各界的结合越来越紧密。因此,校园文化建设的物质保障也要将目光投向校外,争取更多的资源和平台支持。其中,既包括以学校、单位或个人的名义向社会争取资金支持,吸引社会单位或个人投资支持校园文化建设,也包括在校园外建立思想政治教育基地、课外实践基地、科技服务基地及志愿服务基地等,让校园文化走出校门,走向社会,在更大的平台上促进校园文化建设工作的开展。

(二)校园文化建设的制度保障

不以规矩,不能成方圆。科学完善的制度是校园文化建设的必要保证,只有建立完整的规章制度,加强制度执行,才能进一步规范师生员工的行为,保证各方面工作和活动的开展与落实。制度的制定要以宪法和法律,尤其要以教育法律法规为依据,这样才能保证制度的科学性、合理性和合法性,进而促进师生员工学法、知法、守法,规范自身的行为。

加强现代学校的制度建设,建立并完善高等学校章程是校园文化制度保障最为重要的一项内容。在这些制度当中,包括多个方面的内容,既包括高校内部管理制度,如完善党委领导下的校长负责制,推进决策程序的科学化和民主化,建立和完善党委会议事制度、教职工代表大会制度等;也包括学校各项工作正常开展的保障制度,如教学管理、科研管理、人事管理、财务管理等制度;还包括规范师生员工学习、工作和生活的行为准则,如教师行为规范、学生守则、学生社团管理规定、学生宿舍管理规定等。

学校的规章制度是学校开展各项工作的依据,也是广大师生员工进行自我规范的依据,它具有刚性和强制性,一经确定落实,就必须严格遵守、执行。因此,必须强化制度的执行力。这就要求,一方面,在制度的制定过程中,原则要求要明确,执行标准要具体,奖惩措施要配套,从而增强执行制度的针对性和可操作性。另一方面,要成立相应的监督管理机构,有针对性地对制度的执行情况进行监督检查,加强考核。通过不断的考核和督促,做到制度的检查到位、奖惩到位、执行到位。

(三)校园文化建设的队伍保障

对于校园文化建设,从广义上讲,学校的全体师生员工既是受益者,又是创造者和参与者。从这种意义上讲,学校的师生及管理服务人员等都是校园文化建设的主体,影响着校园文化建设的进程和效果。

教师在教学活动和研究工作中,与学生接触密切,与社会结合紧密,因此他们的所思所想、所作所为在给学生输送知识营养、为社会做贡献的同时,也以自己的个人魅力和价值导向潜移默化地影响着学生,影响着学校的声誉。因此,正派、高尚的教师形象,对引导校园文化建设朝着积极健康的方向发展具有重要作用。相反,虚浮、功利化的教师言行,对校园文化建设和学校声誉也会带来极大的负面影响。因此,学校应当不断加强师德师风建设,在引导广大教师开展教学和研究工作的同时,要自觉意识到自己作为校园文化建设的重要力量,不断提高思想道德水平,以自己渊博的学识、严谨的治学态度、高尚的品德去教育和影响学生。

管理人员致力于广大师生员工学习、工作和生活的管理和服务,确保学校各项工作有序进行。在他们当中,从事宣传工作和学生工作的人员,是与校园文化建设关系最直接,也最为密切的队伍。学校的宣传工作队伍一般以党委宣传部作为主体,包括校内各单位通信员、学生记者等,他们承担着学校的对内对外宣传、舆论引导、文化建设等重要职责,主导着校报、校刊、广播、电视、橱窗等宣传阵地建设,是高校校园文化建设,特别是精神文化建设的重要力量。学生工作队伍既包括从事学生工作的党政领导,也包括各学院的辅导员、班主任。从事学生工作的党政领导是校园文化建设的组织者和规划者,对校园文化建设的方向和力度具有重要影响;辅导员和班主任是与学生接触最为密切的群体,也是校园文化建设的具体实施者,他们的工作效果决定着校园文化建设成效。因此,对于学校的宣传工作队伍和学生工作队伍,必须明确他们作为校园文化建设主体性力量的地位,通过人才引进、业务培训等措施,不断提高队伍的素质和能力;同时,为他们提供政策和资源支持,推进他们以饱满的热情、超前的思维、宽阔的视野积极投身校园文化建设。

学生是学校教育的对象,也是校园文化建设的主力军。对一所学校校园文化建设成效进行评价,不仅要看它对学生有多大的影响,还要看学生参与校园文化建设的情况如何。不同群体的学生参与校园文化建设的程度又是明显不同的,对他们来说,学生干部和学生社团的影响和作用要更加显著。学生干部队伍是辅导员、班主任工作的有力助手,是沟通学校管理与学生学习、工作和生活的重要桥梁。一支优良的学生干部队伍对于校园文化建设工作的开展至关重要,因此应当从学生干部的选拔任用、教育培养、考核评价、激励保障等方面着手,提高学生干部的思想素质和工作能力,借助学生干部带动全校学生更好地参与到校园文化建设中。高校学生社团是基于共同的兴趣爱好和愿望而形成的群众性团体,它是大学生实现自我管理、自我教育和自我服务的重要平台,也是校园文化建设的重要载体。因此,学校应当大力支持学生社团的建设和发展,为它们提供发展的空间,给予相应的物质和政策支持。同时,学校还要宽严适度地加强对社团的管理,提升社团的层次和水平,引导社团健康发展,使学生社团更好地服务于校园文化建设的大局。

五、评估机制

校园文化作为一种在高校校园中生活的每个成员所共同拥有的校园价值观,以及这些价值观在物质与意识上具体化了的文化形态,对它的评估与评价有着极为丰富的内涵。校园文化的评估与评价是伴随着校园文化的孕育、形成、发展而产生和发展的,它对校园文化乃至整个高等教育的进步起着推动作用。

(一)校园文化评估的特点

1. 内容的综合性和广泛性

校园文化评估的内容具有综合性和广泛性。从层次结构看,校园文化评估包括校园制度文化评估、校园组织文化评估、校园物质文化评估、校园精神文化评估、校园科技文化评估、校园生活文化评估、校园艺术文化评估、校园心理文化评估等;从群体类型看,校园文化评估包括校园班级文化评估、校园宿舍文化评估、校园社团文化评估、校园群体文化评估、学生文化评估、教师文化评估、学校管理文化评估。由此可见,高校校园文化的评估内容具有综合性和广泛性。

2. 目的的决策性和行动性

任何评估都有其目的,表现为对设计方案的审查评比,其结果都是为了选择和制订最适宜的方案,以便开展后续行动。校园文化评估也一样,它不是校园文化活动的终点,而是进一步繁荣高校校园文化过程中的检测站和加油站。就校园文化的现状加以评价,既是为了对它是否达到既定目的进行衡量,更是对它今后能否达到更加完善的境界进行诊断并提出建议,以便为校园文化的管理行为和决策行为提供最优化服务。

3. 信息的客观性和系统性

校园文化评估是一种信息反馈,它有目的地搜集各方面信息,并通过信息处理对被评估的校园文化做出价值判断。在评估过程中,评估人对信息反馈、信息处理后的价值进行判断,然后提出建议,这一过程分属于三种不同的认识范畴:"反映"属于客体认识基础,"价值判断"属于主体性认识,"提出建议"则属于在主体性认识上的主体意志表现。在这里,信息的系统搜集和客观反映是基础,因为只有系统地搜集才能够获得客观存在于校园价值观和校园文化活动中的信息,只有客观地反映才能够使主体性认识乃至主体意志的表现比较符合被评估对象的实际。所以,校园文化评估必须由超脱于被评估对象利害关系的评估人来完成,评估需要成立专家小组,以便尽可能排除、抵消个人的片面性。此外,为了有效、准确而简易地进行价值判断,所搜集的信息应该是可靠的,而不是不可信的;应该是有效的,而不是对评价无用的;应该是简单、扼要又能反映主要问题的,而不是琐碎、杂乱、不着边际的。

4. 方法的科学性和可行性

校园文化评估既然是一种对校园文化活动客观而综合的价值分析和判断,它必须具有与校园文化评估目的相适应的科学方法,这些方法包括建立正规的评估制度、制订适宜的评估方案、建立有效的评估指标系统、具备明确的评价标准、采用科学的采集信息和对信息进行量化处理的手段等。只有采用科学的方法,才有可能得到科学的结论。另一方面,由于校园文化评估往往动用的人力较多,需要的物力和财力较大,因而高校校园文化的评估在制度、方案、指标系统、方法上力求具有一定的操作性、可行性,能为多数人所接受。否则,校园文化评估将缺乏应有的生命力。

5. 过程的程序性和常规性

应该把校园文化评估视为整个高等教育事业发展中不可缺少的组成部分,推动高等教育事业前进的驱动力之一。校园文化必须经过鉴定和常规的周期评价,才会蓬勃开展和不断繁荣。因此,高校校园文化评估是一个常规性、周期性、系统性兼具的连续过程,有其自身固有的活动程序。

(二)校园文化评估的方法

我国高等学校教育评估是由国家行政机构领导、组织和监督的。为了领导、开展和组织实施校园文化评估工作,在各级高等学校教育评估领导小组的领导下,可以设立校园文化评估委员会,以领导、组织实施各种类型的校园文化评估工作。同时,评估领导小组还要下设评估办公室等办事机构,处理教育评估的日常工作。

1. 合理确定考评标准

校园文化建设涵盖范围广、评价范围宽、具体标准多,但从根本上讲,要看它是否能够促进学生的全面发展。坚持社会主义先进文化的发展方向,遵循文化发展规律,借鉴吸收人类文明有益成果,以实施科学文化素质教育为基础,以建设优良的校风、教风、学风为核心,以优化校园文化环境为重点,以树立正确的世界观、人生观、价值观为导向,弘扬主旋律,突出高品位,加强管理,注重积累,努力建设体现社会主义特点、时代特征和学校特色的校园文化。高校作为为国家培育和输送人才的地方,人才培养的质量是校园文化建设的综合反映,因此校园文化建设考评应当本着"以人为本"的宗旨,围绕人的全面发展来展开。

在具体的考评中,应当针对校园文化建设的具体内容设立涵盖各方面的指标。一般而言,主要从精神文化、制度文化、行为文化和物质文化等几个方面着手,并为每方面内容设立相应的二级指标,进而细化每项指标内的具体内容。通过对每项具体指标的考评,全面反映校园文化建设的成效。

2. 综合运用考评方法

校园文化建设内容复杂多样,因此应当综合运用多种考评方法,确保考评过程和考评结果科学合理,能客观反映校园文化建设的成效。这其中,既有定量的考核,也有定性的考核;既有他评,也有自评;既有自上而下的考核,也有自下而上或平行式的考核。校园文化建设的成果,有些是可量化的、显性的,有些是不可量化的、隐性的,因此校园文化建设的考评必须要将定量考核与定性考核有机地结合起来。定量考核主要是对那些可以用实物、数据等表现出来的成绩进行考核,如学校的建筑面积、景点数量规模、教师和学生数量、师生比、学术成果级别及数量、实验实践基地、社团数量、学生活动获得奖项的等级和数量等。可见,定量考核需要将考评目标分解成若干可测定的指标要素,通过测定其数值,然后经过数学方法处理,进而得出定量分析的结果。定性考核主要考核那些无法用实物和数据的形式表现出来的成绩,如教职工的育人意识、学术意识、服务意识、管理意识,学生的思想动态、理想信念、学习动机等。定性考核主要是考评者根据自身的经验和认识对考评对象做出评价,因此考评者的主观意识、能力水平和看问题的角度对考评结果具有非常大的影响。可见,定性考核操作相对简单,但具有主观性、片面性和不准确性等缺点,而且定性考核必然要以一定的定量考核作为支撑,否则其精确性、可靠性、可信度将大打折扣。因此,定量考核和定性考核必须有机结合,进行综合分析,才能弥补彼此的不足,从而保证考评的科学性和可操作性。

同时,在考评过程中,还应当将他评与自评、自上而下的评价与自下而上或平行式的评价结合起来。传统的对校园文化的考评,主要注重他评,注重自上而下的评价,这种外在的、压力式的评价对校园文化建设固然具有重要的督促和推动作用,但也会存在考评对象敷衍应付考评的情况。因此,表面上的考评成绩并不能如实反映实际的建设效果,长此以往,甚至可能存在问题被掩盖、外强中干的隐患。所以,校园文化建设的考评还应充分重视考评对象的自我评价,重视从普通员工和学生角度进行自下而上的评价,重视平行单位之间的相互评价。考评对象的自我评价能够促进其自我挖掘、自我反省、自我总结。当然,自评也要在事实的基础上,保证评价的客观、中肯,防止自吹自捧,虚浮夸大。引入普通师生员工自下而上的评价,通过他们的切身感受和反馈,既能在一定程度上反映校园文化建设的实际效果和真实情况,又能以此吸引他们自然而然地参与到校园文化建设的工作当中。推动平行单位进行互评,一方面,可以对对方校园文化建设的效果起到监督作用;另一方面,也可以对照自身进行比较,吸收对方在建设中的好经验和好做法,为本单位以后的校园文化建设提供借鉴。可见,校园文化建设的考评是多方面的,需要多种考评方法综合使用,这样才能使考评客观、科学、准确,进而达到以评促建、以评促管的效果。

(三)社会评估对校园文化评估的作用

社会评估是一种外部评估,通过社会评估,可使学校不断感受到时代的脉搏。社会文化的推动力通过社会评估传递给学校,作为一种激励和鞭策促进校园文化的发展和进步。在社会主义市场经济条件下,校园文化社会声誉的形成在很大程度上依赖于各种形式的社会评估。

第三节 高校校园文化的创新发展

校园文化创新实质上就是通过文化的继承、扬弃、借鉴与整合,注入新的时代精神,创造出一种适应时代发展要求的先进文化,以进一步为高等教育的改革与发展提供强大的精神动力和深厚的文化支撑。只有创新,才能保证校园文化发展的生机和活力,才能进一步丰富校园文化活动的内容及表现形式,才能进一步强化校园文化的功能和作用,提高校园文化的品位和层次。

一、高校校园文化的创新

校园文化创新是校园文化主体运用新思维、新方法,从而创造物质成果和精神财富,实现教育目标,促进高校发展及社会进步的活动。现代高校面临的新形势和新任务对校园文化创新的要求越来越迫切,校园文化也由原先作为高校教学科研工作的背景,一步步升华为高校教学科研育人的核心,成为高校综合实力的重要组成部分和突出的标志,也成为高校深化改革、实现教育现代化的内在动力与根本出路。

高校发展,创新为先;高校改革,创新为本。其实,高校改革与发展同校园文化创新是密不可分的。高校改革发展是校园文化创新的突出体现。因此,高校的改革与发展,必然要求对高校本身的文化传统进行变革与创新,也只有强化校园文化创新,才能真正地推动和实现高校改革与发展。

高校校园文化创新,要注重在继承的基础上创新,要注重在发扬个性上创新,更要注重在精神文化、物质文化、制度文化方面进行创新。高校校园的精神文化、物质文化、制度文化,三者相互联系、相互渗透,形成了高校校园文化不可分割的有机整体。

(一)高校校园精神文化创新

精神文化是校园文化的核心内涵,它既是校园文化建设的最高目标,也是校园文化建设的基本出发点。高校教育形式随历史变迁而发展演变。校园精神文化,这种最具影响力的无形的质,被很好地继承并不断创新。高校校园精神文化创新,应当着力于办学理念与校园文化氛围的创新。

1. 办学理念创新

办学理念是校园精神文化的核心,要从办学理念创新着手。

办学理念,是对"为什么办学、办什么学、如何办学"的最为高度和理性的提炼。办学理念作为办学思路、办学经验和理性思维的结晶,蕴涵要丰富,表述要简明扼要。

办学理念的实际表征为高校的办学定位与校训,办学定位是办学理念的具体体现,它包括服务对象上的定位、专业设置上的定位、学院特色上的定位及培养人才的定位等。高校教育的服务对象定位非常明确,就是为经济和社会发展服务,因此专业设置定位及学院特色定位上要紧跟社会发展要求,从而适时地培育出适应社会发展的高素质复合型人才,从而形成自己鲜明的办学特色和人才培养特色。

校训,是高等学校的精神。高校的校训,要浓缩学校的整体形象,反映学校的办学理念和文化定位,从而砥砺莘莘学子的人格品行。同时,还要与时代和产业的发展相携,随形势和环境的变迁而改变。

2. 校园文化氛围创新

高校校园精神文化的创新,更多地表现在校园文化氛围的创新中。

高校大学生在校期间有三个重要任务:学会知识和技能,完善人格,养成习惯。学会知识和技能,属于教学范畴,教师教,学生学,本着"理论够用,技能必需"的原则,学会各门课程的"符号系统"和操作程序。完善人格与养成习惯,决不是简单地靠教师"教书"完成的,这是要在学校"育人"环境下形成和养成的。这个"育人"环境,就是学校的校园文化氛围。

校园文化氛围反映学校的历史传统、精神风貌和目标追求,包括校园环境、校园文化活动、校风等。校园环境属物质文化建设,校园文化活动与校风创新,是校园精神文化创新的重点方向。

（1）校园文化活动创新

在校园文化活动上创新，主要是有特色、有新意，让大学生在具有浓烈文化氛围的文化活动中激发热情，受到影响，得到教育。每年开展一系列的文化活动，如专业技能大赛、创业计划大赛等，举办"企业家论坛"、公司经理人讲座、学术报告会等，引领校园文化活动的潮流，为大学生丰富课余文化生活、陶冶情操、完善品格、提高技能提供广阔的平台，使大学生在积极参与文化竞赛、活动中，提升对所学专业的兴趣，增强学习动力，培养职业道德。

出校门、进工厂、进社区，进行企业实践，体验社会生活，也是校园文化活动重要内容的扩展。通过进工厂实践，大学生在校期间零距离接触生产实际，亲身体验企业的经营理念、管理模式，熟悉企业的运行规程，把理论与实践相结合，从而为更好地把握专业学习和技能提供方向。利用节假日进入社区，为需要帮助的人提供服务，进行专业实践性联谊，请社区的有关人士到学校举办讲座……活动的开展，能够让大学生在学习的同时，感受最真实的社会，更重要的是在活动中学会友爱、学会帮助、学会生活。

（2）校风学风创新

高校的校风是对学生的思想、行为产生最直接、最重要影响的因素之一。好的校风直接关系学生优秀品质、良好习惯、优良职业道德的养成。高校的校风形成，主要体现在教风和学风两个方面。

高校的教风与学风是紧密相关、不可分割的。学生在学习习惯、学习能力、学习方法上存在着一定的差距。这就要求高校必须形成独具特色的教风和学风氛围，从而更好地完成教与学的任务。

良好的教风是良好的学风形成的前提。教风直接影响学生世界观、人生观、价值观的形成。因此,高校必须努力建设一支高素质的"双师"型教师队伍。这些教师,除具备一般高校教师所具备的广博的知识、娴熟的教学能力、专业的实践素质和能力外,还要具备高度的责任心和良好的职业品质。从事教育的教师,在以精湛的业务技能教书的同时,更要用良好的职业道德和高度的敬业精神,言传身教,潜移默化地影响学生,从而让学生产生积极学习、积极实践的热情,并形成良好的行为习惯,养成良好的职业道德,进而形成良好的学风。

此外,高校校园文化氛围的形成,还要在校园网络文化、公寓文化、办公室文化等方面,充分体现高校的职业特色。也就是说,在高校校园文化氛围中,要真正做到文化无处不在,无处不对学生形成影响,产生教育,从而真正使校园精神入耳、入眼、入脑、入心。总之,创新和突出高校的校园精神文化建设,是使高校大学生通过高校特色文化的影响,树立正确的世界观、人生观和价值观,进而确立明确的奋斗目标,并为之进行不懈的努力,真正成为现代化建设事业的合格建设者和可靠接班人。

（二）高校校园物质文化创新

校园物质文化,是校园显性文化。它既是构建校园文化的物质基础,也是校园的精神文化活动的物质载体,主要包括校园建筑、花草树木、壁画雕塑、教研设备、资料图书等。

1.高校校园物质文化创新,要把"处处体现职教特色"放在首位

在美化环境、装饰校容的设计和构建上,应当更多地体现职业特色,引入企业文化,让学生在校园里体味到职业的氛围,在校园里感受到企业的气息。不一定有雄伟的楼宇,但必须有宽敞适用的实验、实训车间和教

学工厂；不一定有名人字画，但企业文化、职业特色的标识应随处可见；不一定有固定的教室或课堂，但必须有先进的实验仪器和实训设备；不一定在图书馆有多少名人传记、言情故事，但必须有最前沿的专业书籍和职业企业文化类报刊。

2. 高校校园物质文化创新，要体现高校特色的文化印迹

物质文化不仅体现在固定不动的建筑上，还可以在校徽、校标、校报、学报、校园网、宣传册等物品上，设计高校自身特有的标记。不仅让在校的师生感受到校园物质文化，而且可以通过人与物质的流动，将校园的特色文化带出校门，带向社区、企业，与社会产生融通，让社会品评高校的校园文化，进而改进、提升校园物质文化建设，使高校的物质文化真正体现出特色，经得起品评，对大学生形成影响，为大学生打上深深的校园文化烙印。创新和提升高校的物质文化建设，用独特的风格和内涵影响师生的观念、言行，对于师生良好教风、学风和良好言行习惯的养成，培育师生崇尚职业追求、恪守职业道德，具有深远的意义。

（三）高校校园制度文化创新

不以规矩，不能成方圆。如果说物质文化是校园文化的载体，那么制度文化是校园文化得以顺利开展实施的规范和保障。

完善的规章制度是促进高校各项工作和校园文化蓬勃发展的重要依据。高校制度文化创新，要从规范和优化管理制度、服务制度两方面进行。

1. 管理制度创新

管理科学、民主，是高校教育目标实现和校园文化开展的有力保证；建立完善的竞争机制，鼓励师生在竞争中求生存、求发展，是高校教育各

项工作顺利进行的主要推动力。

管理制度创新，就要在教学管理、学生管理、人事管理等方面，制定切合于高校实际的规章制度，并使之具备特色性、可操作性、科学性、规范性。例如，制定适应于高校教学的职业资格评聘制度，突出实验、实训专业人员的能力职称，鼓励教师向教学、实践、科研"多师型"教师努力，以更好地增进高校教学、实践、科研共进的良好态势；制定切合高校学生实际的校纪校规，体现高校特色的竞赛管理办法，以更好地约束高校学生的言行，激发他们的兴致和潜能，从而更好地完成学业、熟练技能；制定规范的校园文化制度，使校园文化活动更加活泼有序地开展，使高校特色校园文化氛围更加浓郁；制定完善的人才工作制度，包括人才引进与培养、培训与进修、带学生进工厂实习与考察等，使教师在激励与感召中爱岗敬业，潜心于高校教育教学。通过管理制度的创新，不仅可以统一师生思想，而且可以增加凝聚力，从而有利于师生自我约束，促进学校的自我发展。当体现高校特色的制度文化的作用和功能，确实被广大师生所认同和接受，并将外在的管理文化，转变成师生的内在文化时，高校校园制度文化就真正发挥了它应有的作用。

2. 服务制度创新

高校校园文化建设，重在以学生为本。给学生以更多的人文关怀，用更多的优质的服务来激励学生的学习热情。所以，高校必须在为学生服务方面采取积极有效的措施，让学生鼓足学习知识和技能的勇气，为能成为一名合格的复合型人才而感到自豪。

创新服务制度要从学生的实际需求出发，在教学、生活、活动等方面加强引导和规范，从而调动学生的学习积极性和生活积极性。在教学、实践环节,制定合理且操作性强的学习实训制度;在后勤服务及公寓管理方面,充分考虑"以生为本"思想,实现文明就餐和文明管理;在校园活动上,既要把握特色,又要顾及大多数同学,实现全员参与。

高校创新服务制度,营造和谐的校园特色氛围,有利于高校大学生增添专业学习的信心和技能修炼的动力,有利于高校培养品质优秀、专业合格、技能过硬的高素质综合型人才。

总之,高校校园文化创新,要立足高等教育体现"高",立足职业教育突出"职",在继承优良传统和普通高校优秀校园文化的基础上,构建独特的、充满意蕴和活力的校园文化氛围和体系,以特色鲜明的校园文化,有力推动高校的发展,进而实现高校教育的长足进步。

二、高校校园文化发展的未来趋势

高校是社会主义精神文明建设的重要阵地,高校校园文化随着社会文化的变迁及自身规律的发展,不断地发展着。但无论外部环境和内部环境如何变化,高校校园文化创新始终是一项永恒的工作。

(一)"互联网+"为校园文化建设注入新活力

网络的技术条件给教育提供了更加丰富的内容和形式,同时通过教育者与受教育者的网络活动与交流,将教育理念融入网络环境中,影响和指导受教育者的主体性形成,能够以一种开放式、互动式的手段引导受教育者主体性的有效发挥。

当校园文化遇到"互联网+",就为校园文化建设开拓了一片更加广阔的天地。利用"互联网+"思维,有的高校打造出"互联网+"思想教育、"互联网+"文体活动、"互联网+"学生服务、"互联网+"社会实践等,易班、中国大学生在线等网络社区和平台使全国各高校的大学生聚合在一起,增进了大学生的交流和沟通。这些创造性的行为高度契合了"互联网+"的理念和思路,适应了时代发展的趋势,满足了广大师生员工的需求。

可见,互联网进一步扩大了校园文化的活动空间和覆盖面,使校园文化的科技含量大大提高。网络拓展了学生接受知识的范围和途径,使参与式、启发式教学真正成为可能,使终身学习成为普遍趋势。网络可以为使用者提供近乎无限的资源空间,借助网络能充分展示丰富多彩的校园文化,使抽象的东西具体化,增强校园文化的吸引力和感染力。同时,互联网丰富的信息和传播渠道,也为校园文化的建设提供了便利,学校可以根据校园主导精神和网络特点,精心策划,开展丰富多彩的网上才艺表演、交流、讨论等活动。同时,利用网络开辟培养学生创新能力的空间,建立科学、创意乐园,利用微博、微信等新型网络传播工具,传递具有知识性、趣味性的信息,激发学生的青春活力和才学,发挥学生的创新能力,不断优化艺术文化,进一步促进校园文化建设。

"互联网+"还为校园文化建设注入了新的活力,也进一步丰富了校园文化建设的内涵和外延。同时,作为校园文化的一项重要内容,网络文化的地位更加凸显,在这样的背景下,如何利用好、建设好网络阵地,开展好网络法制宣传、网络文明教育、高校网络道德教育等问题越来越引起人们的重视。健康、合理、高效的网络应用,能够对大学生思想教育、专业学习和文化引导发挥积极的重要影响;反之,如果学校不能很好地管理和引导学生用好网络,导致学生沉迷网络不能自拔,受不良思想侵蚀走上歧途等,就会对学生造成极大的危害。

(二)"文化+"对校园文化建设提出新要求

"文化+"是近年来兴起的一个新概念,从本质上讲,就是文化产业的跨界合作与融合。"文化+"是指文化更加自觉、主动地向经济社会各领域的渗透,其核心是赋予事物活的文化内核、文化属性、文化精神、文化活力、文化形态和文化价值,为事物植入文化的 DNA。"文化+民族",为民族注入凝聚力、向心力和内生力;"文化+社会",使人类社会智慧能动、有机有序、不断进步;"文化+中国",推动"中国制造"走向"中国创造";"文化+城市",使城市成为智慧的家园;"文化+产业",搭建起产业攀缘上升的云梯,为老产业注入新的活力,催生新产业、新创意、新业态,促进文化产业发展繁荣……"文化+N",拓展无限空间,注入无穷潜力,催生出不尽的创意、创新、创造。

可见,"文化+"把文化提到了前所未有的高度,将其作为一切事物可持续健康发展的根基;同时,文化是一种软实力,"+"什么,怎样"+",实质上就是一种创新,从这个意义上讲,"文化+"更是一种新思维,是创新驱动发展的生动诠释。在实践中,全国各地都在进行着"文化+"的有益探索,如"文化+城市""文化+科技""文化+金融"等。这些探索以文化为引擎,不断提高各领域发展的层次和水平,形成了新的发展特色和亮点。

大学作为思想最活跃、最富有创造力的学术殿堂,是新思想、新知识和新文化的摇篮,以其独特的气质来引导人们超越时代和社会的局限,以科学长远的前瞻意识筹划未来,理应成为引领文化发展的一面旗帜。因此,高校校园文化应当有更加强烈的文化自信和文化自觉,对自身提出更高要求,不断提升建设的层次和水平,在"文化+"的发展中发挥更大作用。

一方面,从精神文化、制度文化、行为文化和物质文化等方面提出更高要求,对于低层次、杂乱无序的文化建设和活动要大胆取消,整合资源,打造校园文化精品,形成特色和优势,全面提升校园文化水平,以高雅的校园文化吸引和熏陶师生员工,使校园文化成为学校发展之魂,成为学校永不衰竭的力量源泉。只有校园文化的层次更加高端,内容更加丰富,才能得到师生员工的欢迎,才能真正发挥其引领作用,才能在"文化+"中发挥更大作用。另一方面,校园文化的建设要主动融入师生员工,要主动渗透学校发展的各个方面,包括科学研究、课堂教学、产学研合作、社会实践、科技竞赛等,从而形成"文化+科学研究""文化+科技合作""文化+社会实践"等。提升校园文化建设的层次和水平,不是脱离实际的自我发展、自我陶醉,而是必须扎根于师生员工,结合他们的需求,结合学科建设、科技合作、课堂教学等工作实际,使各方面工作有效发挥文化的引擎作用。只有这样,校园文化的发展才有根基,才能保持旺盛的生命力。

第五章　高校学生管理工作理念的创新

第一节　高校学生管理的新理念

科学取向的高校管理强调科学化、统一性、专业化和秩序化,要求高校学生服从管理,注重实现管理目标,并不利于学生创新性思维的培养。而人文取向的高校学生管理更加注重尊重学生的差异化发展,有利于提升学生的创新能力。本章将基于此展开对高校学生管理理念的转变的讨论。

一、高校学生管理发展:从科学取向到人文取向

(一)科学取向的高校学生管理

1. 科学取向的高校学生管理的内涵

科学取向高校学生管理是指在科学主义思潮影响下,将学生视为管理对象,为实现学生的工具价值而对其进行管理的高校学生管理理念和模式。它注重高校学生管理的科学性、统一性、秩序性和制度性,认为存在一套效率较高的管理程序和方法,只要严格执行这套程序和方法就可以提高管理效率,提升学生工具价值。这种模式强调对学生行为的管束,不重视学生差异化的需求,强调管理者的权威性和学生的服从性,不注重管理者与学生的互动,在高校管理实践中很容易异化为僵化死板的管理方式。

2. 科学取向的高校学生管理的特征

第一,以提高学生工具价值为目的。科学取向高校学生管理的目的是提高学生的工具性价值,即让学生具备融入社会化分工大生产的基本素质和专业能力。为此,科学取向高校学生管理加大了对学生行为的管束力度,把产业商业管理中的效率管理和目标管理的措施迁移到学生管理中。具体来说,即是通过多种产业商业管理工具或手段来管束学生,让学生服从高校制定的一系列制度。

第二,以制度不断细化为手段。科学取向高校学生管理认为,按照科学管理的思想,学生管理存在着高效的最优管理程序和方法,可以实现对学生行为的全面管束,可以达到管住学生、管好学生的目标。科学取向高校学生管理工作就要持续不断地探索、研究此类管理方法,也就是通过持续不断的制度建设与细化来建立更为完善的"程序和方法体系",通过不断细化的制度来奖惩学生,让学生按照这类制度衡量利弊来约束自己的行为,最终使管理工作可以高效完成。

第三,强调依据量化考评进行奖惩。科学主义思潮强调量化管理和数字化考评。而受此思潮影响的高校学生管理也强调学生管理的量化考评,具体表现为:一方面,以班级为基础的学生学习成绩考评单位的建立,即依据学习成绩进行奖惩评优,进而对班级辅导员的管理工作进行考评;另一方面,以院系为基础的院系学生管理工作考评单位的建立,即以学生综合表现评价体系来量化考评院系的学生管理工作。在强调依据量化考评进行奖惩的背景下,科学取向高校学生管理工作中就会以结果为导向、以权力为导向、以管束为导向开展具体工作,容易滋生形式主义和官僚主义。

3. 科学取向的高校学生管理的反思

第一，导致学生管理工作的异化。科学取向高校学生管理强调学生管理工作的科学性、统一性、秩序性，是少数管理者因为管理边界而进行的简单化管理。一方面，为了减少管理工作量，管理者不得不制订大量的管理制度来细化管束学生行为，并依据细化的制度来量化考评进行奖惩。另一方面，细化的管理制度用统一标准管束全体高校学生，忽视了这一群体的多样性，使很多学生把精力用在了行为约束上，而不是用在内涵更为丰富的自我成长上，容易掩盖学生成长中的问题。因此，科学取向高校学生管理间接导致了学生管理工作的异化。

第二，减少了学生全面成长发展的可能性。教育的目的是让受教育者成为更好的个体，而非成为社会化大生产链条上的产品。科学取向高校学生管理容易教育出统一标准的"产品"，这就不可避免地减少了学生全面成长发展的可能性。科学取向的高校学生管理注重量化考核评估，但为了保持量化考评的公平性，量化考评指标设置非常透明、简单，这间接导致了量化考评不能选拔出多样化人才。同时，学生出于趋利避害的心理，会主动使自己的行为符合量化考评指标的要求，并对不符合量化指标考核的行为进行自我约束，长此以往，学生多样性潜力就会被削弱。

第三，不利于社会创新能力的提升。人才，尤其是高等教育人才，是社会创新的主要力量。而具有发散性思维的高等教育人才是社会创新能力的重要来源。因此，高等教育应该注重培养人才的发散思维，提升其创新能力。而科学取向高校学生管理强调标准化和统一化，其通过统一的标准行为要求管束学生行为，通过有标准答案的试卷衡量学生学习效果，并对违反这个统一标准的学生进行惩处。这样，学生思维的多样性和发散性就会受到压制,得不到充分的培养,从而影响社会创新能力。

(二)人文取向的高校学生管理

1. 人文取向的高校学生管理的内涵

人文取向高校学生管理是指在人文主义思潮影响下,在对科学取向高校学生管理工作进行反思和批判的基础上,出于社会长久发展和学生个体充分发展考虑而倡导尊重学生、理解学生、发挥学生主体性的管理理念和模式。人文取向高校学生管理强调以人为核心,尊重人的需求,反对把人异化为工具,注重通过制度、科技、组织等为管理者和高校学生提供长久健康的服务,而不是让管理者和高校学生适应制度、科技,其最终的目的在于实现管理者和学生全面、多元化与自由的发展。

2. 人文取向的高校学生管理的特征

第一,以实现学生发展为管理目的。人文取向高校学生管理的目的是实现学生的全面、多元化和自由发展。人文取向高校学生管理是以人为一切工作的核心,认为人是具有灵性、可变性、潜在能力的。高校学生管理应为学生的全面、多元化和自由的发展提供条件。为此,人文取向的高校学生管理不会通过制度来管束学生,而是提供给学生充分发展的空间和时间,使学生实现最大可能的充分发展。

第二,以引导教育为管理手段。人文取向高校学生管理不以强制制度管束学生,不以奖惩管束学生行为,而是通过非强制的说服型、展示型、自主学习型等制度以引导、教育学生。通过引导教育激发学生自我发展的兴趣动力,使其将所学的知识内化为自身素质,从而实现自身发展。人文取向高校学生管理认为,非强制的引导教育手段可以有效避免学生的抵触心理,避免了学生因表面服从而积聚的内在反抗力;而强制化的教育管理手段不仅将学生物化,还会造成对学生的异化及教师和学生的对立。在实践中,人文取向高校学生管理主要有说服型教育、展示型教育、情感教育、文化熏陶、激励引导等方式。

第三,以平等沟通为管理特色。人文取向高校学生管理将管理者和学生都视为具有灵性和多种可能性的人。灵性的平等性决定了人文取向高校学生管理具有平等沟通的特征:管理者与被管理者的角色被淡化,教育者与被教育者的角色被淡化,强调的是人与人之间的平等关系。在人文取向高校管理模式中,每个人都是组织中的独立个体,每一个人都因其独特性而受到人格平等的尊重,可以平等地参与高校学生管理工作,个体间相互理解、相互包容、相互帮助。教师也在其中享受平等对待,不必肩负过重的包袱,且能与学生平等地进行沟通。

3. 人文取向的高校学生管理发展的必然性

科学主义高校学生管理理念与模式的盛行有其原因:一方面,人文主义学生管理模式下的考评相比于科学取向,其量化标准相对复杂,更加难以界定;另一方面,最初高校对学科评估较重视,导致他们对学生管理(也包括教学、科研)有科学主义的倾向。但是,随着我国高校学生对个性化发展的需求越来越强烈,高校学生管理工作也迎来了挑战。在高校管理实践中,人文取向高校学生管理发展已经具备一定的必然性,具体表现为以下几点。

第一,人文取向的高校学生管理是高校学生管理发展的内在需要。一切事物都处在不断的发展变化中,高校学生管理发展也不例外。在前一阶段,高校学生管理从经验管理范式逐渐转向了科学管理范式。在经验管理范式阶段,高校学生管理中最重要的管理要素是富有管理经验的教师或高校专职管理人员；在科学管理范式阶段，最重要的管理要素是科学合理的制度，进而实现了高校学生管理的标准化。而今，随着物质生活不断丰富和高校学生人数的增加，学生的个性日益增强，强调管理标准化的科学管理范式已不能满足现实的要求，而包容性更强的人文取向管理范式逐渐凸显其优势。因此，人文取向的高校管理发展是高校学生管理发展的内在需要。

第二，人文取向高校学生管理是促进学生充分发展的需要。当前，世界经济进入了知识经济时代。在知识经济时代成长起来的高校学生具有显著的时代特征：自我意识强烈、独立意识较早、民主意识萌芽、平等意识较强、创新意识增强等。科学取向的高校学生管理注重的是实现管理目标，注重对团队的奖惩。而人文取向的高校学生管理注重的是学生的需求，以实现学生的全面、多元化与自由发展为目标，这更能引导新时代高校学生的充分发展。

第三，人文取向高校学生管理是教育民主化发展的需要。教育民主化是 21 世纪全球教育改革的重要发展趋势。教育民主化倡导，无论是教育资源分配和利用，还是教育关系构建，每个个体都平等地享有同等的权利和机会，反对任何歧视、排斥的行为。人文取向高校学生管理具有内在民主化特征，即管理者和被管理之间、教师与学生之间具有平等地位，应该民主地进行沟通。因此，教育民主化与人文取向的高校学生管理具有天然的一致性：人文取向的高校学生管理契合了教育民主化发展的需要。

二、高校学生管理指导取向变化的启示

（一）以社会主义核心价值观为指导，改进高校学生管理工作

人文取向的高校学生管理注重人的全面、自由、多元化发展，与社会

主义核心价值观具有内在的契合性。社会主义核心价值观从个人、社会和国家三个视角阐述了人实现全面、自由、多元发展的标准和要求。而人文取向的高校学生管理以学生发展为管理目的。其以社会主义核心价值观作为指导,可以为高校引导学生处理好自己与自己、自己与社会、自己与国家之间的关系指明方向:使学生在自己与自己相处时实现自己的灵魂自由,自己与社会相处时实现自己的全面发展,自己与国家相处时实现自己的多元发展。据此,高校学生处和各院系在学生管理工作中,应将学生的社会主义核心价值观塑造作为重点工作内容之一,将高校思政教育融入制度管理,对学生管理规章制度进行全面的审查,进而对不利于学生充分发展的规章制度进行修订与改进。同时,高校应以大学辅导员为主、思政教师为辅,建立起思政教师为兼职辅导员制度的"双辅导员制度",为学生成长发展融入道德关怀和思政温度。

（二）建立起科学取向与人文取向相融合的学生管理机制

科学取向高校学生管理虽然有僵化死板的问题,但其内在的公平性是有利于提升学生管理工作效率的。人文取向的高校学生管理虽然具有内在的自由性,有利于促进学生充分发展,但是对培养学生良好行为习惯欠缺外部约束力。将二者融合起来,根据每所高校的自身传统和特有优势,在科学取向中融入人文取向的包容性,在人文取向中融入科学取向的效率性,可以促进高校学生管理的高质量发展。据此,高校应建立起学生管理沟通共评机制,由学生处牵头,教师与学生定期共同就学生管理工作进行线上和线下的沟通交流,及时改进学生管理工作的疏漏之处。这样既有利于将教师教育的创造性与学生自我管理的积极性发挥出来,又有助于形成科学取向与人文取向相融合的学生管理机制。

（三）建立起融洽的学校、教师、学生三者之间的关系

在高校学生管理中，学校、教师与学生是三个主要的主体，处理好三者之间的关系格外重要。在科学取向的高校学生管理中，由于学生管理的目标性和考核性较重，容易造成学校、教师和学生之间的对立关系。而在人文取向的高校学生管理中，学校、教师和学生三者的利益目标可以达成一致：学校的学生管理工作以学生为中心，教师作为主要参与者，帮助学生实现充分发展。这不仅能建立起融洽的学校、教师、学生三者的关系，还可以提升人文取向的学生管理的转化深度。据此，高校应优化学生管理考核评价指标体系，建立起导向型考核方式，增强考核的过程性，减少考核的目标性，并通过学生管理工作讲解、师生联谊会、学生处干部讲座、学生代表进学生处实习、教师走进学生宿舍等多种形式的活动促进学校、教师与学生三者的相互理解、相互包容，建立起学校、教师与学生的融洽关系。

在当代社会，科学取向的高校学生管理模式暴露出越来越多的短板，而人文取向的高校学生管理则更能建立起平等的教育关系，更能促进学生的全面发展、多元发展和自由发展，实现学生的充分发展。为此，加速实践人文取向的高校学生管理成为每一个高校教育工作者应该努力的方向。

第二节　高校学生管理工作理念创新的意义

一、高校教育创新的意义

创新是一个民族进步的灵魂，是国家兴旺发达的不竭动力。为了实现中华民族的伟大复兴和完成社会主义教育事业的历史任务，必须不断

推进包括高校学生管理工作在内的教育创新。

（一）高校教育创新是时代发展的要求

当今世界，科学技术突飞猛进，知识经济已见端倪，国际竞争日趋激烈。人类社会发展到今天，相对于物质资源，人力资源成了第一资源；相对于人口数量，提高人的素质成了第一要务；在人的素质中，创新精神和实践能力是重点。科学技术进步，越来越依赖于科技创新；知识经济发展，越来越依赖于知识创新；国际竞争，说到底，是人才的竞争，是民族创新能力的竞争。无论是科技创新、知识创新，还是民族创新能力的提高，最关键的是人才。而人才的成长靠教育，其中高校教育是非常重要的阶段。高校可以说是培养高素质人才的重要基地，进行教育创新从而适应时代对人才的需求，这对高校而言无疑具有非常重要的意义。

（二）高校教育创新是社会主义现代化建设的需要

目前，我国已经进入加快推进社会主义现代化的新阶段。在新世纪新阶段，面对新形势、新任务、新问题，最根本的是坚持体制创新，大力推进经济体制、政治体制和文化体制改革，逐步消除经济、政治和文化建设的体制性障碍，为经济、政治和文化发展注入新的活力。而体制的创新，取决于理论创新和人的创新精神和能力，最终取决于创新人才的培养。高校教育是知识创新、传播和应用的重要基地，也是培育创新精神和创新人才的重要摇篮。无论在培养高素质的专业人才方面，还是在提高创新能力和提供知识、技术创新成果方面，高校教育都具有独特的重要意义。高校承载着人才培养与输出的重大职责，只有不断推进教育创新才能为我国的现代化建设提供更多的富有创新能力的人才。

（三）高校教育创新也是高校教育自身发展规律的必然要求

党和政府高度重视教育工作,我国教育事业取得了举世瞩目的伟大成就,实现了历史性跨越。高等教育毛入学率已接近大众化水平,高等教育已迈入大众化阶段,高校管理体制和后勤社会化改革取得了突破性进展,教育质量和办学效益不断提高。这些都是高校教育改革创新的结果。但是,我国高校教育与社会主义现代化建设需要相比还有较大差距。我们的高等教育思想、教育体制和结构、教育内容和方法,和社会主义市场经济体制不相适应的矛盾和问题,正在日益暴露出来。这其中,既有不少过去从未遇到过的崭新问题,也有一些无法回避的深层次矛盾。解决这些问题和矛盾,没有现成的经验和方法,根本的出路在创新。

二、深刻认识高校学生管理工作理念创新的重要性

（一）创新学生管理理念是新形势下做好学生管理工作的首要条件和客观要求

随着改革开放的深入和市场经济的发展,学生对各种思想、文化的接受和选择有了更广阔的空间,社会上的各种思想和价值观念必然对当代高校学生产生巨大的影响,给学生管理带来新的挑战。同时,我国大学教育的管理现状,还存在着许多不适应之处,突出表现在许多教育管理人员仍沿袭传统的单一模式和思维习惯,原有的以学校和教师为中心、忽视学生主体性的管理模式,使学生管理面临新的困境。

（二）创新学生管理理念是新形势下做好学生管理工作的逻辑起点和必要前提

当前的高等教育正由精英教育向大众化教育阶段跨越式发展,既要把学生视为接受教育的对象,又要把学生当作管理服务的主体;既要严

格管理规范,又要重视教育引导;既不能一味追求意志统一,又要充分保障学生权益;既要强调集体观念和社会需要,又要趋向于人的个体需求与素质发展。因此,21 世纪的高校学生管理首先必须对管理理念进行创新,并把这种理念创新当作高等教育大众化条件下学校管理工作的逻辑起点和必要前提。

(三)创新学生管理理念是新形势下做好学生管理工作的应有之义和关键所在

经济建设需要人才,而培养出的人才只有为社会所接纳,并转化为生产力,才能发挥作用。时代变化激发理念变化,理念变化决定时代变化。没有先进的理念,工作就缺乏正确的导向。现阶段高校学生管理工作的现代化首先是管理理念的现代化。学生管理工作作为高校学生管理工作的重要组成部分,就要求冲破传统束缚和实践障碍,解决好工作中的"瓶颈"问题。因此,从某种意义上说,理念是管理的基础和先导,是管理的核心和精髓,是做好管理工作的关键所在。

三、正确理解学生管理工作理念创新的实质与内涵

从人类历史进步的角度看问题,社会的存在是以人的存在为前提的,社会发展的动力来源于人创造历史的活动,社会发展的程度最终是通过人的发展程度来衡量的,社会发展进步的根本目的是实现人的发展。同时,人是社会赖以进步的第一重要的、起决定作用的因素,社会进步本质上是一个在改造客观世界的同时,不断改造人的状态、发展人的能力、提升人的价值的过程。

育人是学校教育的第一使命。高校最根本的职能和最核心的价值是培养人才、促进人的发展。高校的历史使命是人的灵魂的塑造者,是主流价值观的传播者,是先进生活方式的倡导者,是人类精神交流的传递者。从高校的社会功能而言,高校应该服务于先进文化的传承、创造和弘扬,应该服务于人类社会的整体利益,应该服务于国家和民族事业的全面进步。

学生管理工作理应注重学生整体素质的提高,注重学生自由、充分、全面地发展。其基本目的是让受教育者尽可能深入、广泛、多样地了解人所处的世界,了解人自身所处的生存状态;终极目标是最大限度地挖掘自身的潜力,提高学生的综合素质,从而为人类社会的全面进步提供精神动力和智力支持。

学生管理工作理念创新的主要内容包括以下几方面。

(一)转变思想观念,坚持育人为本的管理理念

人是手段与目的的统一体。这就要求既要把人当作目的,又要把人当作手段;既要尊重人、关心人,又要管理人、发展人;既要满足人的物质利益,又要符合人的精神需要。同时,人又是权利和义务的统一体。这就要求学生管理必须体现民主、平等的精神,在管理工作中公正地善待每一个学生,尊重和保护学生的权利,坚持做到有管有放、有宽有严,为学生的全面发展创造最佳条件。

育人为本,是人本思想在学生管理工作中的具体化,是社会主义核心价值观在高等教育领域的根本体现,是学生工作的根本出发点和落脚点。作为一种价值观,就是要以人为基础,以人为动力,以人为目的,强调唤醒人的自我意识,尊重人的主体地位;满足人的主体需要,尊重人的精神诉求;肯定人的自我价值,强调人的全面进步。作为一种工作方法,就是要坚持以学生的根本利益为出发点,既严格教育管理,又注重人文关怀;既严格纪律要求，又注重道德教化；既严格程序规范，又注重内容效果。作为一种思维方式，就是要转变思想观念，强化服务意识，坚持"一切为了学生、为了一切学生、为了学生一切"，逐步实现民主交流、平等沟通、相互理解、和谐统一。

（二）贴近学生实际，坚持精细化的管理理念

所谓"精细化管理"，就是将管理覆盖到每一个过程，控制到每一个环节，规范到每一个步骤，具体到每一个动作，落实到每一个人员。学生管理工作的一个显著特点是所管理事务的繁杂、琐细。因此，学生管理工作的核心就是在"细"字上做文章，在"实"字上下功夫。

在精细化管理中，关键要突出一个"细"。"细"有几层含义，一是规范，严格管理规章和工作程序，坚持制度面前人人平等。二是科学，善于运用现代管理方法和信息手段，积极探索和掌握学生管理工作的客观规律。三是到位，在学生管理过程中，每一个环节必须考虑到，不忽视微小的管理漏洞。四是明确，落实管理责任，将管理责任具体化、明晰化。要求管理的过程条理清楚、层次清晰。五是深入，把工作做得具体、做得扎实，追求一种精益求精的境界，使学校的管理水平迈上一个新的台阶。

（三）整合各种资源，坚持系统化的管理理念

任何管理都是对系统的管理，没有系统，也就没有管理。系统化就是从整体上构建学生管理的系统模型和综合模块，把学生管理工作作为一个集学习机制、竞争机制、奖惩机制、决策机制、评估机制和反馈机制等于一体的动态过程。

学生管理工作是一项系统工程。它不仅是学生工作者的责任，也是全校教职员工的责任，必须高度重视，加强领导，通力合作，形成合力，始终坚持依靠广大教职工、学生政工干部和全体学生积极参与的全员管理。必须针对不同年级的不同特点和不同个体的不同特征,将学生管理工作贯穿于学生成长成才的全过程。它又是全方位的,涉及方方面面,必须始终坚持管理即服务的观念,把解放思想问题与解决实际问题相结合,为学生做实事、办好事、解难事;始终坚持教育管理的理念,努力提升学生管理工作的人文内涵,强化育人效果。

(四)以培养学生创新精神为核心素质的管理理念

这是解决高校学生工作"培养什么人"的问题。随着知识经济信息社会的到来,创造力将成为社会经济进步的主要动力,成为关系市场竞争成败的决定性力量,那种"唯文凭、唯分数、唯专业"的传统人才观已不合时宜。教育工作的重点应放在提高受教育者的创造力方面,通过在教育过程中对创造力的发掘、训练、强化,激发受教育者的创造热情和创造才能,积极培养适应时代要求的创新人才。21世纪的人才应是能够适应新技术革命的挑战,能够参与全球性竞争与合作,能够主动适应、积极推进甚至引导一系列社会变革的创新人才。

(五)突出主体、开发潜能、激发创造的管理理念

这是解决高校学生工作"怎样培养人"的问题。传统的学生工作常常是管而不导,堵而不疏。这种治标不治本、浮在面上的学生工作方法已不能适应当代学生的成长成才需要和现代高等教育发展形势。新形势下的学生工作要突出学生的主体地位、尊重学生个性的张扬与优化。通过理想信念教育,为学生进行自我选择和自我调整提供精神动力和行动指南;通过正面引导、反面惩戒来进行学生的需要诱导;通过动机激励、过程磨砺、利益驱动来进行学生的需要驱动等,激发创造学生内在成才动力,从道理上说服学生,让学生弄清是非,权衡利弊,从而使学生正确规范自身行为,正确选择调整自身在学习、生活中的需要结构。而教育观念要打破统一思想、统一标准、统一布局的模式,适当地提倡拉开档次,铺开阶梯,允许有部分人先走上去,另一部分人再扶上来的育人的阶梯原则。对广大青年学生,应当把他们当成能动地参加教育活动的主体,而不仅仅是教育的对象和受教育者,变以往的家长式、保姆式、灌输式的教育为疏导、启发、自我教育为主的方式。

（六）体现互动性、层次性、整合性的管理理念

这是解决高校学生工作体制的理念问题。高效的工作体制可以激发主体的工作热情、兴趣,使主体在工作中不断产生自我满足感和成就感,从而成为主体不断产生工作主动性、自觉性、创造性的动力;也可使整个工作群体形成团队意识、协作精神。传统的高校学生工作体制存在一定的缺陷:一是体制重心的错位,造成协调、服务部门忙于应付具体事务性的工作,而无暇对整个学生工作进行协调与把握;二是体制基层的虚位,学生工作基层组织的积极性没有充分发挥出来,使整个学生工作活力欠缺,创造力不够;三是体制的整体创造力的空位,造成领导机构、协调部门、基层组织的脱节。面对 21 世纪的高校学生工作必须要适应培养高素质创新人才的需求,进行体制理念的创新,其中应注意三个方面:一是体制的互动性,有利于上层和基层相互激发工作活力与创造力;二是体制的结构层次性,有利于工作环环相扣,层层递进;三是体制的整合性,有利于局部服务于整体,全局指导、协调局部,发挥整个体制的凝聚力和资源整合力。具体来说,就是"上"要有决策层,总揽高校学生工作全局,把握带基础性、全局性、前瞻性的大问题,坚持社会主义办学方向和育人原则;

"中"要有协调层和监控层,对学校总体学生工作进行具体指导、协调和监控;"下"要有责任层和落实层,充分发挥基层组织的积极性,实行工作重心的下移,推行目标管理、量化考核的评价制度,建立竞争机制。这样整个工作网络就会形成一个动态、灵活、高效的"金字塔"形体系。高校学生工作是一个系统工程,其不仅仅是某个部门的职责所在,学校应树立"全员育人"的教育理念,形成"人人皆教育之人,处处皆教育之地""教学育人、科研育人、管理育人、服务育人"的一个工作大格局。

(七)不断创新教育内容、服务内容的管理理念

这是解决高校学生工作具体工作内涵的理念问题。教育、管理、服务是学生工作的三大主题,但在新的时期这三大主题的结合方式,以及它们三者自身的内涵就存在理念创新的问题。传统上不同程度地存在以管理为主的工作理念,而教育、服务功能被弱化、淡化,使工作一直停留在较低层次水平。面对高校扩招,学生人数激增,学分制的推广,后勤社会化改革,学生的学习、生活的主要场所及方式都发生了很大变化的新形势,传统的教育、管理已不合时宜,不符合青年学生的心理特征变化和他们的成长规律。高校学生工作要转变观念,逐步从管理型向教育型、服务型转变,转换工作职能。

其一,要创新教育内涵理念。这是探讨学生工作教育的具体目标及教育方式等。教育是一个系统工程,不仅要加强对学生的文化知识教育,而且要切实加强对学生的思想政治教育、品德教育、纪律教育、法制教育等。要培养富有创新精神和实践能力的人才。对于高校学生工作的教育内涵来说,就是要进行以创新教育为核心、思想政治教育为基础的全面成才教育。而教育的方法主要是从说教式、灌输式的教育向启发式、引导

式、激发创造式的教育转变。因为教育本身的要义就是要把教育内容内化为学生的内在需求,变以往学生被动地接受为主动地需要。

其二,要创新管理内涵理念。这是探讨学生工作管理目标及方法。高校学生工作要从传统的以书面上的制度和手中的权力去管理的模式中走出来,注重"导向管理"。管理的内容要从点上的管理到整个层面的深层次管理;管理的对象要从个别管理到抓典型的管理;管理的依据要从校纪校规的管理上升到依法治校、民主治校的高度层次;管理的手段要变直接管理为主到以宏观和导向管理为主,变教师管理为主到以学生自主管理为主,总之,就是要从被动式、强迫式的管理变为主动式、民主式的管理,从管理为主的工作模式走向以教育、服务为主的工作模式。

其三,要创新服务内涵理念。这是探讨学生工作服务目标及方法等。高校学生工作要从管理型的工作模式走向教育型、服务型的工作模式,要为学生的成长成才创造各种有利条件,优化校园软硬环境,最大限度地激发学生全面成才的内在动力。服务的内容要把握学生在学习、生活中不同层次、不同方面的合理需要;服务方式要在引进社区管理方式的同时,实现服务最优质化、物质利益的最小化。学生不仅是受教育者,也是教育投资者和消费者,要为学生提供各种生活服务,改善生活环境,对学生社区进行物业化管理,健全社区功能,构筑集文化、休闲、娱乐、购物、健身为一体的文化社区;提供勤工助学服务,扩大勤工助学的网络与途径,帮助困难学生顺利完成学业;提供学习服务,指导学生考研、出国、创作发明等;提供就业服务,健全信息网络,加强政策、心理、技术各方面的指导等。

第三节　高校学生管理工作理念创新的方向与实现途径

一、新时代高校学生管理工作理念创新的重点方向

（一）高校学生管理工作应秉持契约理念

1. 引入契约理念的必要性

在我国，随着高等教育大众化时代的来临，传统的凭借高校权威实施学生管理的模式，已不适应我国高等教育的发展。高等教育收费制度及现代民主法治社会的建立，使高校与学生的关系发生了质的变化。学生开始缴费上学，虽然学生所交纳的学费并不足以抵消生均培养成本，但这已使高等学校与学生的关系由过去单一的纵向行政关系转变为包括花钱购买教育服务的消费关系在内的多重法律关系。学生的权利被强调和重视，学生已成为教育法律关系中独立的重要主体，这些都要求高校对学生的管理方式也应发生相应的变革。基于高校与学生法律关系在性质上的分化，契约式管理也应采取不同的形式，并严格遵守不同形式契约的原则。

在校方提供教育服务和生活服务的过程中，高校与学生之间存在平等的民事法律关系。比如，高校与学生之间存在一定的民事合同关系。学生的报考和高校的招录，相当于合同缔结中的要约与承诺；学生入学，要向校方缴纳学费，作为回报，校方应提供一定质量的教育和生活服务。在学生付费，学校及其内部机构提供服务的领域，学校与学生地位平等，若有违约则必须承担法律责任。另外，学校的内部事务管理不能侵犯学生的财产或人身权利，等等。学生身份的消费者性质，要求高校，特别是

公立高校,作为教育公共部门,要提供相应的公共服务及其物质条件,其中包括承诺的教育水准、充分的校园安全、足够的教学设备、良好的学习与生活条件等。在高校提供的生活服务领域,高校不应以管理者的姿态侵犯学生作为消费者的权利。

高校和学生之间的民事服务关系,是一种平等的民事契约关系。学生享有完全的自由、平等权利,有权要求学校提供高质量的服务,例如,高校在收取学生缴纳的诸如学费、住宿、生活用品、网络服务、餐饮等方面的费用后,有义务按承诺提供相应的产品与服务。高校在特定范围内,特别是在确立、变更、终止民事权利与义务关系的领域,如高校提供住宿、学生缴纳费用,学生提供一定劳务、学校支付一定劳务费等,通过高校或高校职能部门与学生之间订立民事契约,达成一定目标,已成为世界各国普遍采纳的方式。从同为民事主体的角度来看,学校和学生之间应该是一种平等的关系,双方都对对方既有权利又有义务。学校在拥有对学生的管理权的同时,学生也拥有维护自己权益的权利。学校不再拥有绝对的权威,学生也不再是完全的被管理者,二者之间具有平等的地位。目前,很多高校已开始通过与学生订立合同的方式实施学生的宿舍管理、餐饮管理、网络使用管理、付费使用的校园资源管理等。然而,从大部分高校与学生签订的合同内容看,所谓的民事性质的合同大多流于形式。存在的问题主要是高校与学生签订的民事合同并未体现双方主体地位的平等,学生缺乏可选择性权利,仅规定学生的义务,缺乏学校义务性规定,高校与学生权利与义务的规定严重不对等;仅规定学生的违约责任,缺乏学校未提供合同承诺的服务的违约责任;合同的制定缺乏学生的参与,仅仅是学校职能部门意志的体现。

与此同时,在学籍、学位、考试评估、教育教学秩序维护等教育教学管理领域,高校与学生之间存在行政法律关系。依据我国法律规定,经法律法规授权的社会组织,可以成为我国行政关系中的行政主体,拥有一定的行政职权。高校就属于这一类行政管理者,依据有关教育法的授权,可以对学生进行教学管理,作出奖励或惩罚,并自主决定是否对学生颁发毕业证或学位证。在这些活动中,双方之间并不具有平等的地位,是一种强制性的命令与服从的关系。因此,从理论上可以认为,这种关系属于一种特殊的公法上的行政关系。

高校与学生行政契约关系的建立,使学生可以真正参与到高校事务中来,体现学生的主体地位,不仅可以减少潜在冲突的发生,而且可以改善高校与学生的关系,建立彼此合作、相互依赖、相互尊重、平等对话的良性互动关系和双方主体间的伙伴关系。契约的应用与缔结,使高校与学生在契约的维持下保持持续、稳定的协作关系,有利于学校秩序的稳固化。

2. 契约理念的基本要求

高校与学生之间契约的本质,既是高校用来维护教育教学秩序的手段,又是学生对高校权力进行限制的方式,这对高校及高校学生管理工作者提出了新的要求。

首先,要求高校平等对待学生。把契约的平等精神引入教育行政领域,让学生在与学校具有平等地位的前提下商议教育行政目标的达成,使教育行政减少不平等与特权性的因素。契约的基础是双方主体地位平等、协商一致,契约的形成过程是民主的过程,契约充分体现了民主的本质与特性。现代行政本质上以民主宪政为基础,强调公民权利、人格尊严、社会公正与社会责任,重视公民的参与,充分体现了契约的精神。现代教育行政在法律授权的前提下，具有裁量性、能动性，在学生管理中引入契约理念，不仅与依法行政具有相容性，而且可以凭借契约手段灵活应对学生管理中出现的复杂、动态和难以预见的问题。

其次，要求高校尊重相对人意志。把契约的自治精神引入教育行政，使学生有选择的权利，进行商议的过程也是其利益权衡的过程，选择是契约精神中的应有之义。通过选择建立沟通渠道，这也是行政契约最突出的优点和功能。而一般行政行为缺乏沟通功能。契约作为一种制度、观念、方法，已在行政运行秩序中得以建立、吸收和广泛应用。在行政法学中，我国学者对契约能否在行政权力行使过程中予以运用或许会有不同看法，但对行政契约的存在、行政契约的特征及行政契约的基本类型等问题的观点则大体一致。因此，考虑到教育行政的民主参与、教育行政方式的多样化和教育行政的目的等因素，应允许在高校学生管理中"讨价还价"和"议价行政"。

最后，要求高校重视学生的权利。在行政契约中同样有相对人——学生的权利。通过行政契约使高校更加尊重学生权利，同时通过学生权利的实现来制约高校的权力。考虑到高校权力制约的需要以及高校与学生之间的行政契约关系的特殊性，在高校与学生之间行政契约的缔结过程中，应有以下几个方面的限制：一是职权限制。高校必须在法律赋予的职权范围内缔结行政契约，不得越权行政。二是法律限制。高校缔结行政契约不得与法律法规相抵触。三是内容限制。行政契约的目标是实现公共利益，因而行政契约的内容不得违反社会公益。由于高校在行政契约的缔结中处于优势地位，可能会导致实践中滥用职权、违法行政的情形，如高校的行政契约与其行政命令同构化，强制与学生缔结行政契约，违反应有的合意；高校滥用选择权暗箱操作，损害学生利益或国家利益。因此，必须限制行政契约的内容和目的。

在高校学生管理中强调契约精神，重视契约观念、契约手段及契约制度，并不意味着完全以契约取代权力。高校的学生管理权力在教育法中仍然存在并发挥着应有的作用。由于契约意味着人性尊严、平等诚信、公正责任等，因而契约在高校学生管理中的引入，可以增强学校与学生的协作，提高学校教育服务的水准。

3. 高校学生管理中引入契约理念的意义

契约是一种双方或多方的法律行为，这种双方或多方的法律行为体现出不同利益的个体在维护自身权利过程中的博弈、合作、协商和对话。

契约理念除了以平等观念为前提，以自由意志观念为核心，以权利观念为基础外，还发展出协作观念、义务责任观念、诚实信用观念和法律约束观念。

第一，契约推崇平等观念，有助于限制校方权力和维护学生合法利益。平等观念是现代契约观念的前提，也是教育法的基础。对公共组织而言，公平对待每个委托人并为其提供服务比效率更重要，"法律面前人人平等"同样也包括了高校与学生地位的平等。正是基于高校被授权实施学生管理的考虑，法律确定了与其地位、角色相适应的权利与义务，从而在高校与学生之间公平地设置权利与义务。尽管高校与学生在具体的权利与义务上并不对等，但这并不意味着双方当事人的地位不平等。地位的平等既有权利与义务对等的法律地位平等，也有权利与义务不对等的法律地位平等。而且按照现代契约理论和契约法的现状，绝对的对价制度事实上已不存在，契约强调的是双方的相互依赖性，权利与义务不对等不能视为双方地位不平等的理由。基于高等教育的民主性,不宜强调高校与学生主体地位的不平等和学校的单方特权。

第二,契约突出自由意志观念,有利于推动学校对学生权利与意愿的尊重。契约是双方当事人的合意,是当事人双方自由意志的一致表示,当事人的真实意愿是契约成立和产生效力的首要条件,并由此形成了契约的自由意志观念。强调自由意志观念,有利于学校尊重学生的权利与意愿,防止学校借契约的形式实施单方强制命令。这里应包括两个方面的含义:一是在教育民事关系中,高校必须尊重学生的意志,不得将行政权力的强制性延伸至民事领域中来;二是在教育行政关系中,高校学生管理规章、公约、决定等规范的制定应体现民主性,保障学生的有效参与和监督,使高校的管理真正基于社会公益。

第三,契约突出义务责任观念,有助于规范校方和学生的权利义务关系。义务责任观念是现代契约的重要组成部分,它强调权利与义务的统一,强调平等主体之间相互的责任与义务。在高校学生管理过程中,义务责任观念的确立,不只是学生对学校管理的服从,对义务的履行和对责任的承担,更主要的是强调学校对双方约定义务的履行和守法义务的承担。契约一经成立和生效,学校就必须履行契约义务,承担责任,任何特权、部门利益都不应成为免责的事由。

第四,契约突出诚实信用观念,有助于培养高校学生的诚信意识。契约以诚信为基础,要求双方当事人恪守承诺,积极履行契约义务。诚信本身作为原则已超越了私法领域而进入公法领域。高校诚信观念的培育,在我国尤其具有现实意义,因为当前学生诚信观念的培育,也是高等教育的任务之一,而高校自身诚信意识的提高,无疑有助于学生诚信意识的提高。

在高校学生管理中引入契约理念，规范高校与学生的关系，是高校学生管理法治化的重要途径，不但可以促进高校依法治校、依法管理的进程，而且对于体现对学生的人文关怀、以学生为本和服务于学生的原则具有重要意义。

（二）高校学生管理工作应秉持开放理念

1. 开放理念在高校学生管理工作中的重要意义

开放的中国需要开放的高等教育。开放的高校学生管理工作是开放高等教育的一个重要组成部分。落实社会主义核心价值观，构建社会主义和谐校园，弘扬社会主义核心价值体系，对高校学生教育管理提出了新的要求。

开放促进了高校内部管理体制、教学方式、管理模式的改革，在学生教育管理方面呈现出以下变化：一是学分制的逐步实行，"同班不同学，同学不同班"人数增多，使学生由班内走向班外。二是实践课程比重增大，理论教学课时相对减少，使学生由课内走向课外。三是后勤社会化的实施，分散住宿范围扩大，使学生由校内走向校外。四是法治观念的逐步强化，学生维权行为时有发生。五是大学国际化的推进，形式多样的国际合作办学增多，使学生由国内走向国外。六是网络的普及和便捷，已成为与家庭、学校并列的第三种成长环境，使学生由现实世界走向虚拟世界。因此，高校学生教育管理工作，必须针对上述新变化，适应开放提出的新要求，审视开放带来的新挑战，采取扎实有力的措施，将教育管理的任务落到实处。

现在的高校学生生长于 21 世纪初，他们有崇尚自我、张扬个性的心理,面临着成才发展要求与教育教学,以及学习、生活条件相对不足的矛盾,越来越强的维权意识、自主意识与自律意识薄弱、抗挫折能力不足的矛盾,在日益开放和多样化的社会生活环境中自我价值的选择、取舍的矛盾。学生的教育管理工作应贴近学生的学习和生活,帮助他们解决成人感与孩子气、求理解与闭锁心理、崇尚理智与好冲动、理想与现实、社会多样化与信念一元化等矛盾,帮助他们在包容多样中形成思想共识,在理解变化中促进健康成长。

只有这样,高校学生管理工作才能得到有效的改进。高校的学生教育管理工作是一个具有特定功能的组织系统,开放是其重要特征之一。高校学生教育管理目标的实现和任务的完成取决于学生教育管理系统内部要素的合理建构和与外部环境的物质转移、能量循环和信息交换。高校学生管理工作的开放,一是指其系统内部的相互开放,即理性提升的教育系统、规范强化的管理系统、学习生活的服务系统等子系统有分有合,资源共享,互相利用,从而促进资源配置和利用效率的提高。二是指其系统的对外开放,即对社会开放。一方面接受社会辐射,积极扬弃,争取资源,为我所用;另一方面发挥高校思想高地的作用,影响社会,引领发展,增进和谐,促进学生教育管理水平的提高。因此,在改革开放的历史条件下,做好高校学生教育管理工作,需要强化开放的理念。

首先,开放理念是加强和改进高校学生管理工作的本质要求。"没有开放,就没有大学教育""培养什么人,如何培养人"始终是高校孜孜不倦地思索、追求、实践的根本问题。前者要求解决好教育的理想性和现实性相结合的问题。大学教育说到底是一种"完人"的教育,正如爱因斯坦所说的那样:"当学生走出校门的时候,他应该是一个和谐的人,而不应仅是一名技术人员。"和谐的人应具有社会中的共生意识、发展中的合作意识、理政中的法治意识、交往中的宽容意识和建设中的生态意识。后者则要求处理好教育的规范性和开放性相结合的问题。教育的规范性是通过制度、传统、习惯、氛围等环节来体现,而教育的开放性则表现为教师与学生、学校与社会、有形教育与无形教育的互动,实现的途径就是以开放的理念推进学生教育管理开放,使大学教育成为终身教育体系的一个重要环节,成为学习型社会建构中的一个重要园地,成为与家庭教育、自我教育、社会教育相贯通的一个重要枢纽,成为学生社会化过程中的一个重要阶段。因此,推进高校学生管理开放,不仅是理性的自觉,更是现实的需要。

其次,开放理念是加强和改进高校学生管理工作的原动力。开放促进高校学生教育管理改革,推动高校学生教育管理创新。开放使高校学生教育管理工作视野由窄变宽,动力由小变大,要求由低变高,措施由软变硬,导向由虚变实,负荷由轻变重,节奏由慢变快,从而使高校学生管理工作呈现三个鲜明的价值取向:一是"三力"合一,同频共振。即国家的意志力、学校的执行力、学生的内驱力在具体工作理念层面实现有机统一,使学校的发展目标与国家的战略需求相同步,学校的教育教学要求与学校发展目标相协调,学生的教育管理举措与学校的教育要求相匹配,学生的内在需求与学生教育管理的举措相一致。二是"三成"共举,协同俱进。即成人、成才、成功在具体工作目标层面实现有机统一,使学生真正地形成在淳朴中适应、在和谐中竞争、在实干中创新的良好品格,使高校学生教育管理工作在促进全面发展与充分发展、课堂教学与实践锻炼的内在统一上尽责有为。三是"三有"并行,交融渗透。即有情、有理、有效在具体工作操作层面实现有机统一,把爱的教育贯穿于高校学生教育管理的全过程,把理论学习、教育和实践作为高校学生教育管理的一项重要任务,把解决问题、启迪心智、引导发展作为高校学生教育工作的重要切入点。

最后,开放理念是加强和改进高校学生管理工作的重要保证。开放的高校学生管理工作具有以下三个特点。一是自觉性。高校学生教育管理工作的加强和改进是一个不断求真、崇善、尚美的过程。求真就是合规律,高校学生教育管理既要符合教育内部的规律,还要符合教育外部的规律,否则就会事倍功半;崇善就是合目的,高校学生教育管理要全面体现党的教育方针,做到让党放心、让人民满意、让学生喜欢;尚美就是合形式,高校学生教育管理要在构建社会主义和谐校园中作出更大贡献。二是自律性。开放的高校学生教育管理工作是对传统循规蹈矩、就事论事的工作方式的超越。开放不是放手不管,更不是放任自流,而是用开放的理念统揽全局,用开放的心态包容多样,用开放的举措推动工作。三是自为性。开放的高校学生教育管理有利于争取更多更好的教育资源,为我所用;有利于营造良好的环境氛围,为我所享;有利于促进教育管理队伍素质的提高,为我所为。

2. 高校学生管理工作中开放理念的基本要求

首先,应牢牢把握高校学生管理工作开放的方向性。一是要坚持用马克思主义中国化最新成果武装学生头脑、指导学生实践、推动学生工作,牢牢把握学生教育管理的指导权、主动权、话语权。二是要牢固树立中国特色社会主义的共同理想,引导学生自觉在党的领导下,走中国特色社会主义道路,为建设民主、富强、文明、和谐的社会主义国家而勤奋学习,建功立业。三是要大力弘扬民族精神和时代精神。民族精神和时代精神是社会主义核心价值体系的精髓，只有大力弘扬民族精神和时代精神，才能使青年学生始终保持昂扬向上的精神状态。四是要深刻认识社会主义荣辱观的科学内涵，真正弄清其与社会主义市场经济相适应、与社会主义法律规范相协调、与中华民族传统美德相承接的深层关系，科学把握其先进性导向、广泛性要求和群众性基础的内在统一，促进社会主义道德体系在学生心中扎根。

其次，应突出高校学生管理开放的主导性。一是要重视思想政治理论课教学在学生管理中的主渠道地位。"教学有法，教无定法，贵在得法"。应根据高校学生的认知特点，不断丰富教学手段，加强实践教学的环节，强化课程研究，确保讲出新意和特色、说出深度和规律，讲出学生想听的和我们想说的，提高教学的针对性和实效性。二是必须始终坚守思想政治教育这块学生管理工作的主阵地，坚持贴近实际、贴近生活、贴近学生的原则，把学生公寓建设成将思想教育、行为指导、生活服务、文化熏陶融为一体的"第二课堂"。加强思想政治教育主题网站建设，综合运用技术、行政和法律手段，全面加强校园网络管理，防止有害信息在校园网上传播。加强网络管理工作队伍和网上评论员队伍建设，掌握校园网舆情，引导网上舆论。三是要切实开展好党团组织活动、高品位的校园文化活动、学生社会实践活动、科技创新创业活动和体育活动，引导学生在活动中受教育、长才干、作贡献。四是要重视学生管理工作队伍建设。做好学生教育管理工作，光靠经验和热情是不够的，必须有一批从事学生教育管理的高水平的专家。应从制度、政策、人事编制、职务职称序列上鼓励一些德才兼备又有奉献精神的同志去从事学生的教育管理工作，让他们真正把这项工作当作一项事业、当作一门学问、当作一个可以建功立业的岗位去钻研和奋斗。

再次,应增强高校学生管理工作开放的针对性。高校学生管理要从学生最关心、最直接、最需要、最现实的问题入手。一要引导学生学会学习,变"学会"为"会学"。更新学习观念,变革学习方式,创新学习手段,提高学习效率。二要引导学生学会自强,变"助我"为"我助"。进一步落实助学贷款,设立助学奖学金,建立与就业相结合的奖学金制度,组织好学生勤工俭学。三要引导学生学会创业,变"就业"为"创业"。把培养学生的创新精神、创业本领、实践能力放在重要位置,改革教学内容和课程体系。完善鼓励和支持高校毕业生创业的制度和措施,提供创业的优惠条件,加强对创业活动的指导和管理。四要引导学生加强心理健康知识普及教育,通过宣传倡导、教育引导、活动推导、家长督导等途径,做好心理健康教育工作。加强危机干预,消除潜在隐患。

最后,应强化高校学生管理工作开放的基础性。大学历来是社会文明的源头,是引领文化潮流、传播科学思想、开创文明新风的地方,倡导和谐理念、培育和谐精神是现代大学精神的应有之义,大学应该担负起社会主义和谐社会首善之区的使命。在建设社会主义和谐校园中,要发挥高校学生教育管理工作的思想导向作用,奠定和谐校园建设的强大思想基础;要发挥高校学生教育管理工作的价值引领作用,倡导和谐校园的正确价值取向;要发挥高校学生教育管理工作的道德规范作用,构筑和谐校园的坚强道德支撑;要发挥高校学生教育管理工作的文化建设作用,形成促进和谐校园的文化环境。开放的高校学生教育管理工作必须坚持教书与育人相结合、教育与自我教育相结合、政治理论教育与社会实践相结合、解放思想问题与解决实际问题相结合、教育与管理相结合、继承优良传统与改进创新相结合。就管理而言,还应坚持从严管理和科学管理、民主管理和依法管理相结合。按照依法办学、依法管理的要求,建立起学生维权工作机制,使思想教育与维护和保障学生权益工作相统一,提高学生的权利和义务意识,使学生的各种权益得到切实维护和保障,凡是办理有关学生事务,制定出台涉及学生切身利益的政策、规定、程序,都必须通过一定渠道听取学生的意见,做到公开透明,真正建立起维护和保障学生权益的服务体系,确保培养目标的实现。

二、积极探索高校学生管理工作理念创新的实现途径

(一)加强高校学生工作者队伍建设,提高学生管理者的基本素质和理论水平

1. 努力建立一支高效、精干、稳定、专业的学生工作者队伍,是做好学生管理工作的关键,是实现学生工作管理理念创新的根本

学生工作者要培养和造就高素质人才,自身必须具备较高的政治思想素质、合理的知识结构和较强的能力素质,并有较完善的自我形象和人格力量。作为学生工作者,如果放松了学习,思想就会落后于形势。因此,学生工作者要突破以往的思维定式,适应时代和高校发展的要求,重新定位自己。只有这样,才能担当培养合格的社会主义建设者和接班人的重任,开创高校学生工作新局面。

面对社会意识形态的复杂化,学生的学习、心理和就业等压力的加大,学生工作者队伍的地位和作用变得越来越重要,社会对这支队伍的要求和期望值也越来越高。一所学校纵然要有许多学识渊博、造诣精深的教授、学者,要有许多先进的教学科研设备和优美的校园环境,但如果

没有高素质的学生工作者加以管理和教育,也难以培养出高质量的创新型人才。高校学生工作者作为思想政治工作的主体,在高校思想政治工作中发挥着十分重要的作用。他们面对的是具有较高文化层次、思想活跃、反应敏捷、善于独立思考、敢于标新立异、涉及的知识领域越来越广的高校学生。决不能再按老框框办事,不能静等观望,而必须从现状中跳出来,按新时代对学生培养模式的要求发挥应有的作用。

学生工作者是学生思想政治上的向导,是学生学习上的督导,同时是人际关系上的协调者和生活上的关心者。学生工作者独特的人格魅力在学生中具有一定的示范作用。学生多数是远离家乡、父母,缺少关怀照顾,他们需要有人关心,更需要交流、沟通。多数学生从心理上把学生工作者当作自己的知心朋友,学生工作者往往以师长、朋友的身份处处关心、体贴学生,为他们做好服务,使学生在润物细无声中愉快地学习、生活,健康成长和成才。因此,提高学生工作者的素质成为必然要求。

2. 新时代高校学生工作者的基本素质和基本要求

一支品德良好、品行端正、作风优良的学生工作者队伍,其一言一行、一举一动,将会成为学生优良品德形成的表率和楷模。因此,学生工作者必须做到坚持真理、忠于职守、为人师表、以身作则、办事公正、任劳任怨。尤其要坚持树立敬业创业精神和艰苦奋斗精神,发扬革命的献身精神和奉献精神,用自己的实际行动去影响和促进学生进步和成长。除了这种最基本的人格魅力之外,高校学生工作者要不断提高自身的思想素质、业务素质和政策水平。在当前思想观念、文化思潮多元化发展的趋势下,我们学生工作者必须转变观念,不断创新,应从以下几个方面着力提高自己的素质。

　　首先,要具备精深的思想理论素质和业务素质。通过自学、参加培训等形式,认真学习社会主义核心价值观,学习党的路线、方针和政策,学习高等教育理论与管理理论,了解高等教育改革的经验和做法,努力把握时代脉搏,提高工作的针对性和有效性。通过各种形式的理论学习和研讨,使自己从中汲取改进工作的智慧和动力,对环境的变化要有敏锐的触觉,要不断发现新情况、研究新问题,用富有前瞻性的眼光审视学生工作实践,用理论研究的最新成果指导学生工作实践。高校学生工作者只有具备了牢固的马克思主义世界观,才能在教学与教育工作中,帮助学生确立正确的政治方向,从而促进高校学生马克思主义世界观的形成。

　　学生工作者必须具有相应的文化水平和专业知识,才能接近高校学生的共同的语言和心理特征。一支合格的学生工作者队伍,一方面要求他们是学生工作的实践家,另一方面要求他们是学生工作理论的研究专家。只有具备这种综合素质,才能博得学生的敬重和信任,更好地开展工作。要不断更新知识内容,增加理论深度,扩大知识面,提高实际工作能力。学生工作者本身的悟性、道德水准和政治素养直接关系到学生教育管理工作效果。要将学生教育管理与实施全面素质教育相结合,拓展和延伸学生工作的内容和空间,寻求学生工作者和学生整体素质相互促进、共同提高的结合点,实现两者的良性互动。

　　其次,要具备牢固的共产主义人生观。高校学生工作者只有具备了牢固的共产主义人生观,才能在教学与教育工作中,始终贯穿对高校学生进行以辩证唯物主义和历史唯物主义的立场、观点和方法看待人生的教育。树立强烈的社会责任感和为人师表的爱岗敬业精神,才能在教学与教育工作中自觉地把方便让给别人,把困难留给自己,以苦为乐,以苦为荣。要正确地面对竞争,在工作中要增强危机感、紧迫感和责任感,发挥积极性、主动性和创造性,增强对荣誉、得失、风险、失败等的承受能力,始终保持清醒的头脑,做到胜不骄、败不馁,使自己的心态处于平衡状态。要敢于竞争,善于竞争,同时还要引导高校学生树立积极的竞争观,并通过竞争培养高校学生的顽强拼搏精神。

再次,要具备积极的创新教育观念。高校承担着培养和造就创新人才的重任,要通过创新的机制,保证教育内容、教育方法、教育载体、教育渠道上的创新,努力培养出广受社会欢迎的高素质创新人才。一要重视制度的创新。学生工作者要尽快转变传统角色,用规范的管理和高质量的服务影响学生,构建民主平等的师生关系,确立学生在教育和管理工作中的主体地位,逐步把学校教育管理工作重心向学生主体转移。要将教育、管理和服务功能相统一,强化服务理念,突出服务功能,更加自觉、主动、积极地为学生服务。针对新形势、新问题,研究制定一系列具有时代感,突出针对性、可操作性的新的规章制度,不断提高学生工作的科学化、制度化、规范化水平。二要注重教育内容的创新。学生工作是做人的工作,学生教育工作内容必须随着学生的思想变化而调整。对目前的学生来说,他们已不再满足于传统的理念和模式,在实际教育中有时难以取得好的效果。可以借助易被学生接受的具有时代感的文化思想打动学生,但必须坚定不移地坚持弘扬主旋律,实现以科学的理论武装人,以正确的舆论引导人,以高尚的情操塑造人,以优秀的作品鼓舞人。三要不断探索教育方法的创新。要讲究工作方式方法的艺术性。开展广泛的调查研究,切实解决学生中存在的苗头性、倾向性问题,并以自身的实际行动做良好校风的建设者、维护者。把解放思想、认识问题与解决实际问题相结合。充分运用现代化的传播手段,达到应变及时、有效控制思想舆论阵地的目的。增强学生工作的吸引力、影响力、渗透力,及时调整工作角度、转变思维方式,增强学生工作的针对性、实效性。要创造良好的育人环境,营造积极健康向上的校园文化氛围,陶冶学生热爱集体、刻苦学习、团结互助、文明健康的情操,激发其爱国主义和献身社会主义事业的热情。要发挥学生团体和学生骨干的辐射作用,使之成为学生教育管理工作的重要载体。

最后,要具备强烈的信息意识。高校学生工作者只有具备了强烈的信息意识,才能学会和善于收集信息,并运用现代化的网络技术获取所需信息,根据信息判断、推理、筛选出有价值的信息,再对信息进行检索、分析、利用,从而为学生工作的决策提供依据。学生工作干部在提高自己的同时,要注意培养高校学生开发信息、储存信息、处理信息和转化信息的能力。要认识到教学与教育过程就是一个双向信息交流的过程。正确认识和处理这种双向信息交流,并使信息交流渠道通畅,是完成教学、教育、管理任务和提高质量的重要条件。因此必须加大信息应用力度,把学生思想教育工作的领地推向网络前沿,将网络的宣传、教育功能有效地引入思想教育和管理领域。

总之,应从全方位入手,提高学生管理工作者的素质和水平。应健全学生工作者队伍培养机制,定期进行专业培训,给他们创造学习提高的机会,自觉把学生管理创新理念与学生管理工作实践相结合;从人员结构、职称待遇等方面入手,改善队伍结构,提高相关待遇,让学生工作人员把学生管理工作作为自己潜心研究的专业、立志从事的职业和乐于奉献的事业;健全考核、评估、激励、反馈机制,坚持实事求是、公正全面的考核原则,努力激发学生工作者队伍的积极性,增强他们的事业心和责任感。

3. 创新学生管理工作的方法

在全球化的背景下,传统的学生管理方法面临着严峻的挑战。随着学科的建设和发展,学生管理也应当形成自身科学的、实效的方法论。进行方法论的研究和创新已成为学科创新的当务之急。

目前我国高校学生管理队伍中普遍存在着工作观念滞后、思路滞后、方法滞后、手段滞后等问题,跟不上时代发展的需要。学生工作人员要善于运用现代管理方法和信息手段,创造适合学生发展规律的、切合学生身心特点的工作方法,使学生工作更富感染力和实效性;要经常深入学生的学习和生活之中,重点关注学生中的特殊群体,使学生工作更富有说服力和艺术性;要深入挖掘和树立青年学生中的先进典型,树立可亲、可信、可学的道德榜样,使学生工作更富有吸引力和生动性;要定期进行学生状况的调查分析,为政策制定和方法研究提供可靠依据和参考资料,及时总结新做法,推广新经验,使学生工作更富有影响力和创新性。

我国高等教育逐步步入国际化轨道,这就必将要求我国高等教育要按照国际化的标准去衡量办学水平,所培养的人才规格也必将向国际标准转变;信息化、网络化的加速,使西方文化大量涌入,不同程度地冲击着当代高校学生的思想灵魂;高校扩招,学生人数激增,质量出现了不同程度的滑坡现象;高校体制改革,就业方式转换,学生的就业压力加大;高校后勤社会化的步伐加快,传统的学生管理模式已不适应新形势的发展等等。所有这些新情况、新问题都迫切要求高校学生工作要转换观念,探索新的工作机制,运用现代教育手段,进行全面创新。而思想是先导,要创新必先更新观念,转换脑筋,从传统的工作思维方式中解放出来,从不合时宜的教育观念中解放出来,从不切实际的"高、空、虚"的工作理念中解放出来。

首先,应借鉴相关学科的知识和经验,拓宽学生管理工作的研究视野。在继承党的思想政治工作优良传统的基础上,借鉴和吸收相关学科的研究成果和方法,是拓宽研究视野,深化理论认识,从而不断开创新形势下学生管理工作新局面的途径之一。比如,教育心理学理论在高校学生管理中的运用:运用个性理论以提高学生管理的针对性;运用气质理论以增强学生管理的预见性;运用性格理论以增强学生管理的科学性;运用需要理论以增强学生管理的激励性和实效性。除此以外,还可以从社会学、伦理学、经济学、管理学等学科出发,从不同侧面对学生管理的意蕴进行剖析,深化对学生管理本质的认识。更值得关注的是目前学生管理研究已不局限于社会科学的借鉴,而开始关注自然科学系统论或生态学视野下的学生管理,尽管这一探索还有待实践来检验,但这种理论探索的精神还是值得我们学习的。

其次,应注重以实证研究的方法检验学生管理理论的科学性。传统的学生管理研究方法主要是采用以思辨为基础的理论研究和逻辑研究。广泛地使用实证研究方法是对学生管理研究有益的补充。实证研究就是根据现有的材料进行统计、分析、实验,通过量化的、精确的测试得出结论,其中包括编制调查问卷、量化模型数量分析、矩阵概率数学方法等,以此客观真实地反映高校学生的思想现状与特点,坚持定性与定量方法相结合,真正实现学生管理决策的科学化。许多高校、学者也都日益重视实证方法在学生管理理论研究中的运用。

再次,"他山之石,可以攻玉",应关注国外学生管理的新方法,通过比较研究,借鉴其中有益的成分为我所用。学生管理必须与时代主题紧密结合,大胆吸收人类文明中的先进、有益成分。通过了解国外学生管理的历史、现状和发展趋势,比较、鉴别、融合,推动我国学生管理学科的发展。比如,西方学生管理理论流派大体分为三类:社会适应论、人格自律论和人格完善论。借鉴现代西方学生管理理论,我们应当将"灌输"与"渗透"并重,注重个性化与社会化教育,注重"行为养成"。美国学生管理模式具有隐蔽性、渗透性,注重道德实践,注重理论的科学性和可操作性等特点,我们可借鉴其中的合理成分,可以为我们改革和创新学生管理工作提供新的思路和视角。

第六章　和谐校园网络文化建设

第一节　网络时代的文化生态

一位网络评论家曾以宣言的口吻写道：20 世纪，科学与民主的范式，曾铭刻在工业新文化运动的里程碑上；21 世纪初，知识与自由的新范式，将飘扬在信息文明的新旗帜之上。这就是说，在互联网基础上产生的不仅仅是新技术、新经济，而且还是一种新文化。但是，由于这种新的文化形态是在一个前所未有的载体上发生的，又是以一种全新的界面出现在人们面前，对传统文化范式而言是一场脱胎换骨式的转变。因此，有必要认清这一新文化范式的特点，分析网络时代传统文化的生态，考察两者之间的关系，进而保证我们对高校校园网络文化和网络时代校园文化的分析在理论和实践层面有所依托。

一、网络文化及其特征

网络文化又称"赛博文化"或"信息文化"，是指以计算机技术和通信技术的融合为物质基础，以发送和接收信息为核心的一种崭新文化。哲学学者万俊人在谈论网络文化时也指出，网络文化是由网络经济这一全新的生活方式所引起的、以网络构成和信息交流的全球普遍化和实践操作的高度技术化为基本特征的信息文化。尽管不同学者对网络文化的定义存在差异，但都指出它是信息时代的崭新文化形态。

在我们看来，从广义上讲，网络时代的网络文化是以计算机为标志的包括生产方式、生活方式、交往方式、思维方式等在内的文化现实。从狭义上讲，网络时代的网络文化指数字化的传播、生存方式及其过程的结果。因此，本质上，网络文化可以有两方面的含义，即网络的文化特性和文化的网络形态。网络文化的科技与人文、一元与多元、开放与封闭、自由与规范、利己与利他、虚拟与现实、理性与价值、神性与物性、传统与创新、个人与社会等要素之间的张力，构成了网络时代的一系列对人类具有本质性影响的机遇和挑战。

关于网络文化的基本特征，研究者也多有论述，有人认为网络文化具有三方面的特征，即网络文化是平等参与的文化、网络文化是多元竞争的文化、网络文化是开放和个性化的文化。也有人认为，网络文化从不同角度考察具有不同的特征。一是从技术角度看，网络文化具有时空高度压缩的高时效性；面向全球信息的高度开放性；网络交往的交互性；相对于现实的高度虚拟性。二是从文化精神角度看，网络文化具有平等的价值观；创造的个性化；权力的分散化；资源的共享性。三是从知识生产的角度看，网络文化具有消费与生产的共时性，生产者与消费者在互动中共同创造知识。在社会生产力方面，网络文化赋予生产工具要素新的内涵，给生产资源增添新的内容，大大提高了劳动者的素质。在社会价值观方面，网络文明强调自主性、奉献精神、权利平等意识、自由民主精神。在思维方式方面，网络文化需要网络思维，如信息化思维、非线性思维、交互式思维和创造性思维等。在生活方面，网络文化改变着人们的消费观念，凸显消费的个性化趋势，引导人的主体性，提升个人的道德水准和全社会的生活质量。

　　归纳上述研究者的看法,网络文化的特征主要体现在以下几个方面。

　　第一,现实文化与虚拟文化的兼容。网络文化的最基本特征,便是克服主客观的分离,让现实文化与虚拟文化相兼容。现实文化是指人类一切习惯、知识和技能的积淀,是人类在其全部历史过程中所创造和积累的物质价值与精神价值的总和。虚拟文化则是一种数字化的构成,即通过数字对世界——现实与想象的世界进行的多种排列组合。虚拟文化与现实文化的最大不同点是:现实文化由具象构成,是具象的概念化、符号化;而虚拟文化则是由数字构成,是数字的具象化。因此可以说,虚拟文化是现实文化的反向生成。

　　有学者指出,对于虚拟来说,它的真正含义是在虚拟空间中形成对于现实性来说那种不可能的可能性,进一步形成荒诞的、悖论的、梦幻的虚拟。这种虚拟是与现实性对立的,是在现实性范畴框架之外的。可见,在哲学家的眼里,虚拟是与现实对立的,现实的东西不需要虚拟,只需要模拟和反映。虚拟的东西总是虚幻的,是不可能成为现实的。但是,在信息网络时代,互联网却有能力让二者的关系发生变化。当人们进入网络的虚拟世界后,就会发现,网络上所见并非都是现实中已经实现或可能实现的,网络既展示着现实文化,也展示出在现实中不可能出现的事物——虚拟文化——把人们的梦幻变成的一种真实,网上的真实。如果说现实文化的形成是人类一维选择的结果,即多种可能性中选择的一种可能;而虚拟文化的形成则是多维选择的展示,既有变成了现实文化的可能性选择,也有尚未变成现实文化的不可能性选择。在客观世界,现实如果选择了一种可能性,则对其他可能性一律排斥;在虚拟世界,虚拟则可以兼容现实,从而使文化内容更加丰富多彩。

第二，文化信息全球一体化与文化本体个性化的统一。许多人都认为，互联网对文化的最大贡献是将全球不同社会、不同种族的文化信息"一网打尽"——实现文化信息的全球一体化。这就是说，人类古今中外的文化精粹都可以汇集到互联网上，并且又无一遗漏地展示在全人类面前，供每个人去比较、选择。所以，任何人只要进入互联网，就能在世界上任何一个国家、地区进行文化"漫游"。而由于民族习惯与个体差异，每个人所选择的文化"漫游"的"路线"也会各不相同——每个人只选择自己所喜欢的文化，获取自己想要的文化信息。而互联网只会尽可能提供这种选择的方便，而不会干涉人的文化选择，更没有哪一个国家的政府或其他组织能够将某一种文化在网络上强加于人。于是，文化信息全球一体化的结果，不是将所有文化样式铸成一个模式，而是最大限度保持了各种文化的个性特征，使文化的个性更加鲜明。换言之，互联网是一个可以无限拓展的空间，能够给任何一种文化提供生存的土壤，即文化信息全球一体化，不仅丝毫不会影响文化按照主体的个性自由发展，而且还会为文化的个性化发展提供充分的条件和保障。例如，最早的一些网络论坛上的文章就是一些极具个性、极为张扬主体的文章，但也可以从中窥见当时的社会氛围。实际上，网站论坛营造了一个人人都可以参与的环境，每一个人都成为文化创造的一分子，每一份帖文都是文化主体个性的外在化。可以说，这种现象在文化本质上是与文化信息的全球化、一体化辩证统一的。

第三，文化开放中的平等性与共享性。网络文化也是一种高度开放的文化。网络上每一种文化产品都具备"世界性"与"全民性"，不论贫富贵贱，不分男女老少，谁都可以尽情享受。尤其是互联网上的文化产品的供应没有配额,不受"数量"的限制,也不受供应时间的限制。北京和纽约的读者可以同时翻阅一本书的同一页,可以阅读同一则新闻并同时将自己的评论展示在同一个张贴板上。同时,互联网建立了一种无中心或非中心的"虚拟社会",在这个"社会"中,信息的传播与接收一律平等,文化霸权或文化沙文主义很难拥有市场。正是由于在网络文化中,文化权威开始消失,传统的金字塔式的知识等级结构便土崩瓦解:老一辈对后辈的启蒙已经没有多少"市场"。相反,在互联网上出现了新的反差:成年人的反应往往比青年、少年迟钝,在网上,不仅他们自己掌握的知识难以显示出优势,而且会迅速老化。而青少年在网上却轻车熟路,所以有人又把互联网叫作"青年网"。这又从另一个方面说明,青少年完全有资格与专家权威平等地共享网络文化。西方人类学家米德曾把文化的发展分为前喻文化、后喻文化、互喻文化三种形态,可以认为,网络文化标志着"互喻文化"时代的到来。因为网络文化的这种平等性与共享性,才能使文化的"互喻"成为可能。

第四,文化消费与文化生产的共时性和同一性。中国互联网专家姜奇平曾在《通过知识获得自由——兼谈共享权的生产意义》一文中写道:"未来的知识生产模式,将是生产者与消费者在互动中共同创造知识。一个人在网络进行交流和探讨时,他提供意见时是在进行知识生产,而在倾听反馈时,就是在进行知识消费。反过来说,一个人在共享知识时,由于始终伴随着意见的发表,从而成为知识生产;而在发表意见中,由于旨在赢得人们的回应,又成为一个知识消费过程。"

最初的上网者也许主要是觉得新鲜、好奇,但随着兴趣的浓厚,"看网"渐渐转变为"用网",即想着该在网上做些什么。许多人对网络最早的运用,便是在网络上发电子邮件,或到聊天室结识几位不必知道真实姓名的网友,或是到网络论坛上面张贴小帖子,对时事发表一些意见。这些看来似乎都是消费,耗费上网费,但实际上也在生产。因为正是这些最早的上网者在网上的活动,才逐步产生新的网络文化,构筑起虚拟社区。如果网络如同电视广播,只是一种单向度传媒,是不可能实现消费与生产的共时性的。而只有网络的互动性,才能提供新文化发生的机会和可能,才能使每一个消费者同时又变成生产者,实现消费与生产的共时性和同一性。

除了上述特点之外,网络文化还具有两个重要的功能,这是由它的特征所决定的。

其一,网络文化推动人性回归与人文重建。在很多网站的聊天室,经常能发现这样的现象:许多聊天者的谈话方式或内容十分天真幼稚,让人感到都是一些儿童在上网。可是,对现实进行考察就会发现,这些聊天者中不乏一些文化层次很高的知识分子。那么,为什么会出现这种差异呢?据有关调查,许多进入聊天室的人,并没有别的目的,只是让绷紧的神经放松一下。现代人由于社会竞争激烈,个性压抑严重,确实希望能有放松和发泄的空间,使自己变成一个暂时的自由和自在之人。但由于现实中人与人之间存在的种种关系,人并不能真正放松,无法真正摘下自己的人格面具。而在聊天室里,则可以尽情宣泄自己的情感,袒露自己的本性。可以说,这其实是一种人性的回归。当然,聊天室人性的回归,只是一种低层次的回归,真正的人性回归是用互联网快车带给人类的知识经济。知识经济时代所讲的知识,主要指智能,即动态的与主体精神融为一体的知识。这种知识已经成为主体的一种能力、一种能动本质、一种创新过程。这种知识具有生命性、整体性、能动性,能克服一切物化、异化和消极性,对人性进行整合。网络文化则是人类在知识经济时代创造出来的理想生存方式。它以计算机技术和通信技术两大技术的融合为物质基础,以发送、接收信息为核心,通过对人类自身价值、生活方式、交往方式、思维方式等进行的新设计,而形成一个积极影响人类生存环境的多元化网络。这个多元化的互联网络,带给人类超越时空的互动,并通过互动使信息汇聚、知识融合,最后升华到生命智能。正如麦克卢汉所划分的:农业时代的自然知识,是经验,是不离生命的个人知识;工业时代的社会知识,是知性,是割裂生命才可催发的对象化知识;信息时代的网络知识,是自然理性,是复归于生命,从而实现创新的网络智慧。

网络的发展表现人类的创新智慧,而在网络发生的各种文化样式,则是徜徉于网络之间的个体生命对于理想生存方式的探索与追求。这种追求不是技术性的未来,而更多的是感性,且更具有人文主义的精神需求。因此,网络文化的发展,则是一个以主体精神为中心而进行的从虚拟到现实的创造过程。在这个过程中,人充分发挥着主观能动性,一面在现实中创造着新的物质财富,一面在虚拟世界自由地创造新的精神财富,并努力使二者得到和谐统一,实现人文精神的重建。

其二,网络文化孕育和构筑新型“文化社区”。互联网上的文化交流与传播,不是单一文化的内部交流与传播,而是外在的跨文化交流与传播。这种跨文化的交流与传播,将进一步加速文化的碰撞与交融,将在网络上导致从未有过的激烈竞争。但是,又必然因为碰撞中的文化认同而形成网上的社区。由于这种文化认同打破了地域的界限,并以文化为纽带把天南地北的人连接起来,而由此形成的网上文化集合体或共同体,可以称为"文化社区"。

网上"文化社区"也是一种虚拟社区,它完全打破了传统的或者说物理上的空间概念,从北京到上海与从北京到纽约的距离,在网络上是一样的,地理隔离、国界等限制都不存在,对其社区居民的认同,则是以文化与心理距离来确定的。当一些人就某一主题建立自己的网页或新闻组后,会吸引所有愿意参加的人,从而形成他们自己的文化圈,随着文化圈内"互联"的频繁,乃至形成相对稳固的社区。

网络"文化社区"是一种虚拟社区,但由于它是以文化作为黏合剂,而文化又是人类精神的产物,具有较强的心理呼唤力与感召力,因此,它可以使远隔千里万里的异国朋友,做到如古诗中所说的"海内存知己,天涯若比邻"。确实,鼠标轻轻一点,不同肤色、不同语言、不同阶层的人都可能走进同一个网站,就可以相互谈论共同关心的话题。而由于交往者常常处于不同文化背景,在交往中产生新思想、新观念的概率大大增加,相互了解的可能性也大大增加。

当然,这个"社区"的成员并不是一成不变的,它可以随着交往的频繁添加或减少。而且,网络的流通性并不妨碍一个人参加多个"社区"。正如有人形容网络的多元性一样,说它如同巨大的蜘蛛网,每一根经纬都是相互连通的。一个人可以从这条路通向这个"社区",也可以从那条路通向那个社区,并且只要记住自己的出发点,就永远不会迷路,也可以在任何地方找到"家园"——网络文化社区。可以说,这种新型文化社区的发展,将对人类的生活方式和社会发展的未来形态产生重大的影响,应当受到研究者的进一步关注和重视。

二、网络文化与网络时代的文化

网络文化的重要特征和功能,决定了它必然要与网络时代的人类其他的文化形态产生互动。这些互动,往往是以"文化矛盾"或文化冲突的形式表现出来的,在一些学者那里,这被视为日益趋同的技术生产与放肆膨胀的自我表达和自我满足要求之间的矛盾,是人类的现代技术处境与人类的传统文化情感之间的冲突,具体来说,可以从两个方面来考察。

第一,网络文化与传统文化的互动。传统的三大传播媒体——报刊、广播、电视形成了一种由上而下、以少对多的带有强制性和扩张性的金字塔结构,来自底层的信息反馈被逐步消解、湮灭。从这个意义上讲,传统文化已经演变成一种身份、地位和权力的象征,体现一种现实中的不平等性。

与作为"贵族文化"的"传统文化"不同,网络文化是名副其实的"平民文化"。因为,由国际互联网络衍生的新型文化所表现出的开放、自由、互动体现了一种与生俱来的平等性。所谓开放,是指上至显要,下到平民,任何人只要愿意,随时可以融入其中;而自由则指网络中的每一个成员,可以最大限度地参与信息文化的制造、传播。当然,这种自由带来的不仅是民主、平等,也有无序和混乱,甚至会超越了传统法律和道德的约束。但重要的是,由于这种空前的开放和自由,不仅使其拥有了无限的信息量,也使网络中的每一个成员都可以平等地共享这些信息。人们可以利用互联网所特有的交互功能互相交流、制造和使用各种信息资源,以此开辟新的事业,寻求新的经济发展途径。这样,网络文化与传统文化的互动就表现出了以下几方面的积极含义:其一,文化制造、传播、扩散过程中的"平民化"和平等性增强;其二,除报刊、广播、电视三大传媒外,形成以国际互联网为核心的第四类媒介；其三，由于提供了充分展示个人才能的空间，人们成就和发展事业有了新的途径；其四，网络文化的空前开放、自由和互动，对传统的法律及道德规范提出了更高的要求，促使人们不断对其反思、修改和完善。

第二，网络文化与民族文化的互动。说到底，互联网在带来先进科学技术和信息时代新的经济增长点的同时，也带来了与本民族文化特色大相径庭的西方异质文化。二者之间互动的焦点首先表现在语言和文字上。语言、文字是一个民族的存在标志，也是一个国家、一个民族的文化根基。当两种异质文化发生冲突时，其最终意义不是军事的、地域的，而是文化的。通常表现为一种语言文字对另一种语言文字的吞没和同化，并最终在意识形态领域得到反映。

在这一过程中，广大发展中国家面临更大的挑战和考验。如何保护本国的传统文化和民族文化，如何抵御外来文化以网络为载体对本国文化进行的渗透和侵蚀，是全球化时代广大发展中国家面临的严峻课题。

网络文化与网络时代文化的互动，正在产生并已经产生许多引人关注的问题，主要表现在以下几个方面。

一是带来平等的欢乐与自由的烦恼。信息网络技术突破了传统文化所固有的等级观念、时空观念和媒体限制，给每个普通人与世界同步发展的机会。只要人们愿意，就可以和国家领导人同时收看国际新闻；与顶级科学家共同参与物理学最前沿话题的讨论。这些都是每个普通人在传统文化氛围中无法想象和实现的。然而，网络时代带给我们的不仅是文化的平等与民主的欢乐，更有放任自流给传统法律法规带来的无奈和烦恼。在形形色色的网络信息中，既有肆意传播的不良信息，也有层出不穷的非法网站,更有网络操作中防不胜防的黑客侵入或病毒攻击。网络文化令人称道的开放、自由在此付出了沉重的代价。

二是促进地区间、国家间文化交流。网络把文化交流的自由空间下放给了每一个普通人。只要人们愿意,就可以随时利用互联网发送电子邮件,把自己的所思所想、自己的欢乐和悲伤告诉远在千里之外、万里之遥的亲朋好友。毫无疑问,这种由普通人参与的,不带任何功利色彩的文化交流更真诚、质朴,将为进一步增进世界各国、各地区、各民族之间的相互了解架起新的桥梁。

三是加速全球经济一体化进程。网络文化与传统文化、民族文化的互动,使世界各国一面加快了本国网络化、信息化的建设步伐,一面为积极参与全球性经济竞争不断加强各国网络间的信息联系,通过电子银行网络、电子商务网络等方式开展全球性的经济贸易活动。这种以电子网络为基础、以信息化为目的、以全球化为结果的经济活动,充分体现了知识经济的两个显著特征——信息化、全球化。因而,网络时代的文化冲突对促进全球经济一体化的进程,加快知识经济时代的到来,无疑起到了推波助澜的作用。

四是催生新的文化现象——网络语言和符号。网络文化是信息时代的产物。传统文化中,人们为了消除文化多元性造成的语言、文字交流障碍,不得不借助掌握多种语言、文字的特殊人才——"翻译"来沟通。这其实有悖于信息时代便捷、高效、通畅的信息交流原则。因此,人们要创造新的文化传播媒介——网络语言和符号。这是网络时代不同文化互动的必然结果。它既保护了信息时代各民族的文化特性,也使不同语言、文字的网上信息交流更加方便,同时在一定程度上遏制了"文化霸权""文化殖民"的倾向。

世界文化原本就是多元化的,网络时代更是如此。探讨网络时代文化互动的目的绝不是要为抵御外来文化的侵蚀而紧闭国门、闭关自守,更不是否定外来文化中先进、合理、有益的成分,而是强调重视不同形态文化的冲突、碰撞、融合。在网络时代,面对崭新的网络文化的影响和挑战,必须保持清醒的头脑,不媚外、不自傲,在"扬"与"弃"的基础上,丰富和发展自己的民族传统文化,丰富和发展新的时代文化。

第二节 网络文化背景下的高校校园文化

互联网早已进入高校校园,深入教学、科研、学习、服务等各个领域,在推动教育改革发展、促进思想文化交流、丰富师生精神生活等方面起到了积极作用。调查显示,大部分大学生认为网络使他们开阔了视野,给他们带来了便利,是其获取信息的主要途径,并把网络作为发表言论的主要场所。可见,大学校园早已不是独立于社会之外的象牙塔,互联网已经成为我国大学生学习知识、获取信息的重要渠道和表达思想、交流感情的重要场所。大学校园已经"无处不网,无人不网",网络也越来越明显地影响着当代大学生的政治立场、道德观念、思想文化和行为方式,影响着大学的教学、科研和发展建设。因而,以发展的眼光积极关注网络时代的校园文化建设,及早地分析和预见网络发展对大学校园的影响并采取有效的对策,对于创建与网络时代和谐一致的大学校园文化具有积极的意义。

一、网络文化对高校校园文化的冲击

网络文化对高校校园文化的各个层面都产生了影响,在一定程度上冲击着传统意义的高校校园文化建设。

第一,网络文化重塑大学生的学习方式和学习环境。

一方面,网络文化对学生思维方式的变革产生影响。网络文化是兼容性极强的文化,具有多媒体的思维方式,它深刻地改变着传统教育观念、教学思维的内涵,将逐渐打破传统的以教师为中心的班级授课模式,而代之以学生学习为中心、以个性化教学为模式的新的教学格局。随着高校校园网络的不断发展和网络信息技术的不断更新,根据学习需要自己确定学习内容、学习时间、学习设备的"无年级课堂""无年级学校"等新型教学组织形式将会不断产生,善于使用互联网的教师和学生,可以变被动学习为主动学习,变封闭教育为开放教育。

另一方面,网络文化有利于对校园学习环境的模塑。在培养学生的创新意识方面,网络文化所提供的空前优越的文化环境,也是其他文化环境所无法比拟的。网络创造出一种真正的学习社会或"学习共同体",可以在任何时间、任何地点提供一切学习途径,使教育环境富于人性化,而且充满乐趣。有助于教师监控、评估和指导学生的操作,也有助于教师用更多精力和时间来满足学生所显示出的个人需要。而利用强大的网络软件或平台提供的各种功能,大学生也能充分地展示自己的创造能力,从而增强学习的积极性、主动性,有效地激发学习过程中的创新意识。

第二,网络文化催生高校多元文化价值观。

网络文化既带来了文化的自由传播,也促进了文化的融合,实现了学者们预言的"地球村"。但网络文化的异质性容易对大学生的价值观产生影响,催生多元文化价值观。

升华大学生的自我效能观。网络文化提供了前所未有的自由度。无论是在创新观念、锻炼创新思维、培养创新能力、实现创新内容等方面都得到了极大的提高,大学生们的智力得到了升华。同时,网络也为所谓的弱势群体表达自己的思想感情,提供了一个比较合适的空间。数字化生存代表的是一种生活方式,使每个人变得更容易接近,让弱小孤寂者也能发出他们的声音。作为新的大众传媒,互联网提供了前所未有的言论多样化的舞台,以及自由流动的机会。网络的出现使个人自我角色产生根本性的变革,个人可以一种特殊的方式重塑自己的社会形象和角色。网络世界也是当代大学生自己开辟的世界,他们在这个空间中拥有自己平等的权利和更多实现自我价值的机会。用大学生的话说,就是"走进网络的不一定都能成功,可是徘徊网外的连成功的机会都不会有"。

增强大学生的现代公民观。网络文化跨越了时空的界限,增强了当代大学生作为"地球村"公民的意识。有了网络后,人们深深地被卷入国际大家庭中,涉及就业、娱乐、医疗、文化等各种事务,无疑使个人的社会化程度在加大,有助于学习、生活观念的更新,有利于确立全球观念,效率观念,民主观念,创新意识,自由、平等及合作意识,也有益于青少年在日益"一体化"的世界中生存和发展。

滋生大学生的利己观。教育是一种社会化的操作和训练,而互联网恰恰是在所有人际关系的领域里不断打破传统社会的藩篱。互联网络影响着大学生如何看待社会、他人,如何看待自己以及相互间的关系,给他们的身心健康、人际交流和社会沟通方面带来很大影响。现代的大学生大多为独生子女,在成长的过程中不善于与他人沟通,使得他们更多地关注自我,往往崇尚独立自主的个性。而网络的虚拟性、广泛性、间接性、隐蔽性使校园网络文化的主体可以无所顾忌地畅所欲言,并从中获得成就感和满足感。这种局面容易造成的后果之一,就是让人性无限制地在网络中蔓延、放纵,让人格裂变和虚拟化,带来"人文精神的缺失",导致责任感和伦理意识的缺乏或网络道德的知行脱节等。

第三,网络文化改变高校校园文化主体的参与方式。

网络的发展使校园文化主体的参与方式也呈现出新的特点,主要表现在虚拟中的平等交往。网上交往的最大特征在于虚拟性。在虚拟条件下,大学生的交往角色也是虚拟的,不存在师生、师长那样的垂直型交往关系,属于典型的横式交往。不仅如此,网上交往的虚拟性还淡化了现实生活中的同学、同乡等种种交往"圈限",从而使交往变得更加自由、平等。而版面讨论、文章阅读等行为都是以虚拟身份进行的,可使大家畅所欲言,互动性强、民主气氛浓厚,具有极大吸引力,这与学生对传统的基于"教师""学生""干部"之类的等级和角色分工的活动普遍缺乏热情形成了鲜明对比。

多样中的自主选择。后现代文化往往具有一个强烈特征:多元化和多样化。受其影响,当代青年价值取向也出现了强烈的多元化和个人本位化特征,这在校园网络文化中表现得极为明显。互联网是一种多层次、多形式、多方向的复合型或混合型文化,能最大程度地适应广大网民的不同品位,满足不同的价值选择及心理爱好。因此,校园网有如琳琅满目、五彩纷呈的超级市场,参与者成了手提方便袋的购物者。自主选择不是网络的专利,但在网上表现得尤为突出,首先在于网络卓越的"集约功能":将多种形式、类型、品位的文化都网罗殆尽,并通过一个个视窗将其集中展现在"消费者"面前。其次,网络使得活动参与变得极为方便,点击鼠标即可轻松参与虚拟状态下的讨论,优越性显而易见。最后,网上参与消除了时间、空间、行业、部门等种种限制,任何时刻都可以浏览任何想去的地方。这些特点为自主选择提供了极大便利。

开放中的大众参与。互联网是开放的,首先,它要面向世界,包括校园网在内,任何站点都是世界网络中的一个"关节点"。其次,互联网要面向"未来",要满足信息不断更换和时刻刷新的要求。再次,它要面向大众,通过密如蛛网的网线和多如繁星般的终端来最大限度地吸引广大民众。互联网文化的主体是大众,这显然不同于传统的"精英"文化。可以说,互联网文化才是真正意义上的大众文化。校园网的发展不仅使绝大多数学生共享了校园文化的繁荣,也为他们积极参加网页制作、版面讨论、聊天交流等网络文化活动创造了条件。此外,网络也极大地便利了诸如"找工作""贴海报""软件大赛"之类的传统校园文化活动的开展。

自由中的个性展现。网络多媒体技术的发展也推动了校园文化的创新。从中国教育科研网来看,各高校的网页争奇斗艳,都不遗余力地利用网络来展示自己的特色面貌。走进大学校园网,各部门、各社团、各班级,以及个人网页都精彩纷呈,以鲜明的个性"诱惑"着浏览者。利用版面发帖、网上聊天等形式,学生用户的个性也得到了充分张扬和显现。网络之所以能成为个性展示的理想"舞台",主要原因在于网络环境的特殊性为人的自由创造了一种理想环境,尽管是虚拟的自由,但并不妨碍人们以丰富多彩的方式进行个性展示。

第四,网络文化冲击主流校园文化的具体形态。

一方面,高校校园文化的发展广泛受到网络观念的影响,开始借助于"网络的魅力",以"崭新的信息和技术平台",实现大量、快速的传播,推动了校园文化现代化的进程,加快了校园文化和现代社会先进文化融合的步伐,校园文艺、社团活动、德育教育、社会实践等传统校园文化建设的内容日益依赖以校园网络为载体和媒介来蓬勃开展,实现了"网外"与"网内"紧密相连,如校园舞台剧的网络题材和网络语言日益丰富、校园社团活动的网络平台和空间日益增加等。

另一方面,在传统校园文化中的各种文化形态,诸如文学、艺术、体育等许多校园文化活动的吸引力和影响力在下降。由于网络文化庞杂新鲜、另类刺激的诱惑,许多大学生沉湎于网络生活,精神寄托和兴趣取向发生变化,不愿积极参加传统文化社团和现实文体活动,从而使校园文化主流形态的组织、活动和发展受到冲击。

第五,网络文化刷新校园文化与社会文化的互动关系。

校园文化是与社会文化相对来说的,社会文化的适用范围指大学校园以外。尽管校园文化与社会文化有着千丝万缕的联系,但因"围墙"隔离,校园文化又具有自己的独立性。然而,网络文化的迅猛发展却使校园文化与社会文化的这种关系发生了变化。

校园文化与社会文化及校际文化之间的交流不断增多。借助网线,校外网民可以方便地登录校园网,除获得招生、专业设置等信息外,还能参加聊天等网上活动。与此同时,校内师生也以校内服务器等手段便捷地登录校外网站,甚至可以去境外站点进行查找、下载、观光、社交等活动。这种方便的、大规模、远距离的文化共享活动只有网络化时代才能实现。除网际文化交流外,校园网与纸质、电视等传统媒体在内容、节目转播、活动等方面也存在着密切联系。正因为此,传统校园文化的独立性、封闭性特征相对减弱,这种情形与网络化时代经济全球化、文化一体化大势是一致的。从中也可看出,文化一体化和多元多样化的矛盾在网络时代进一步加剧了。

社会文化对校园文化的影响度空前加大。伴随网线的穿墙而过和校内外文化交流的增多,校园文化的社会属性也在日益增强,传统的"校园特色"或"独立性"则有一定程度的减弱。因为,校园文化不能独立于社会文化之外,它必然要受到社会文化影响,校园网的作用就是加大了这种影响程度。譬如,校园网 BBS 论坛上许多文章都是"转帖"社会网站或纸质媒体的,有学生转发的也有网站转发的,转发文章经典性、针对性或可读性都较强,对校园文化影响较大。至于"诗词歌赋""演义传奇"之类的文学板块上,转帖文章就更多。社会流行时尚、热点问题等更容易波及校园,这在"旅游""流行时尚"之类的"休闲娱乐"板块上有所体现。诸如单位招聘、商务活动一类的社会信息也顺着无形的网线纷至沓来,在"走向社会""兼职工作"一类的板块上随处可见。种种现象表明,网络化时代的社会文化对校园文化影响的深度、广度、速度都空前加大了,校园文化的社会性正在日益增强。

校园文化对社会文化的辐射作用持续扩大。校园网是社会文化登录校园的桥梁,也是校园文化走向社会的大门。校园网与互联网实现连接本身就是校园文化通过网线走向社会的一种标志。校外网站及媒体对校园网文章的转发、网上文化交流等都是校园文化走向社会的表现形式。网线的延伸在一定程度上扩大了校园文化的辐射空间,突出的例子就是基于网络所进行的教育、招生、考试等活动。方兴未艾的远程教育使高等教育突破校园围墙和地域限制,从而使教育对象的数量和范围都空前扩大,这种崭新的教育方式在对传统教育文化产生重大影响的同时,也源源不断地把高校校园文化传向四面八方,发挥文化先锋、知识堡垒的作用。

二、网络文化背景下的高校校园文化建设

网络文化对高校校园文化尤其是精神文化的影响是巨大的,从高校校园文化发展来看,网络已为校园文化提供了一种全新的物质技术环境,已经成为校园文化建设的重要手段。面对网络给高校校园文化建设带来的挑战和机遇,必须认真加以研究,与时俱进地进行调整和因应,趋利避害,牢牢把握高校校园文化建设的主动权。

第一,始终坚持校园文化建设的社会主义方向。

文化是人类行为的主要决定因素之一,起着一种造就人和情境的重要作用。网络是大学生的乐园。在未来的信息化校园中,网络文化价值的影响力将会大大提高,传统校园文化将会在与网络文化的冲突、对抗中,根据自身的需要吸收、融合网络文化的优秀成分,从而形成网络时代的新的校园文化格局。网络文化的特殊价值将会吸收校园文化的普遍价值并得到广大师生的认同,汇入校园主流文明文化中。要使网络文化真正成为校园主流文化的重要组成部分,重要的是根据网络自身的特点对其进行明确定位,以便在信息化校园建设中,使网络文化一开始便步入健康、讲文明的发展轨道,成为传播先进文化、主流文化的阵地。要弘扬时代主旋律,紧跟时代步伐,体现时代精神,讴歌时代的真善美,引导校园文化向健康、高雅的方向发展。要通过教育,不断提高青年大学生的政治素养和是非鉴别能力,自觉抵制消极、腐朽思想的渗透和影响,抵制低级文化趣味。要大力弘扬社会主义、爱国主义、集体主义精神,大力提倡尊师重教、敬业奉献、文明诚信、团结互助,使主流的、健康的校园文化成为防

御网络文化消极影响的盾墙。

第二,努力强化校园文化的全员共建意识。

高校校园文化的核心和实质是人的发展,它以文化为载体,着眼于精神建设,直接服务于人的全面发展。这种超功利主义的内涵决定着校园文化不是哪一个或哪几个部门所能建设好的,那种认为校园文化建设只是学校某几个部门的责任的狭隘意识,正是以往高校校园文化建设整体上不尽如人意的重要原因。良好的校园文化不仅使生活在校园中的每一位师生受益,而且可以降低网络发展带来的负面影响。因此,高校必须强化全员共建校园文化的意识,只有全体师生员工共同参与,努力在教学、管理中做好本职工作,才能营造浓郁丰厚的校园文化。

第三,大力加强和改进大学生思想政治教育。

中共中央、国务院《关于进一步加强和改进大学生思想政治教育的意见》中指出,大力加强大学生文化素质教育,开展丰富多彩、积极向上的学术、科技、体育、艺术和娱乐活动,把德育与智育、体育、美育有机结合起来,寓教育于文化活动之中。因此,先进的校园文化必须把加强和改进大学生思想政治素质放在重要位置。注重校园文化的育人功能,建设体现社会主义特点、时代特征和学校特色的校园文化,发挥校园文化在思想道德、行为规范、学习态度、生活方式等方面的教化作用。同时,尤其要注意将大学生思想政治教育与网络结合起来,推行网络思想政治教育,在方式方法上有所创新。

第四,持续培养优良的校风和学风。

校园文化的核心是群体主导价值观,它主要体现在学校的校风、学风之中。校风和学风是一种具有很强的感染力的潜在的教育力量,可以有效消弭网络文化的负面影响,既能影响到整个学校生活,也能反映学校的校园文化建设水平。培养良好的校风,会使学生从心灵深处受到感染,产生校风趋同的心理倾向和适应校风、学风要求的自觉意识。力求树立良好的校风和学风。建立良好的校风、学风,需要通过学校师生锲而不舍、持之以恒的努力,尤其要善于利用网络平台开展持续性的校风、学风教育活动。

第五,着力美化校园环境。

校园环境是学校的外在形象,也是校园文化建设的物质基础,具有教育性、艺术和感染性。美丽温馨的校园,风格独特的建筑,优雅宁静的庭院,经典别致的雕塑,宽敞明亮的教室,整齐清洁的宿舍,绿树成荫、鲜花盛开的林间小路,都可以使人身心愉悦。建设好学校物质环境,能使其发挥净化学生心灵、陶冶学生情操的教育功能,起到环境育人的作用,使广大学生在潜移默化中受到熏陶,积极向上的情感得到激发,从而形成优良的气质。

第六,积极开展丰富多彩的文化活动。

网络时代并非网络的一统天下。为了促进校园文化健康发展,仍然需要组织丰富多彩的校园文化活动,以缓解和消弭网络文化的负面影响。开展校园文化活动,既要力求高品位、多层次、重参与、求实效,又要注意对思想意识类、科学知识类、文化娱乐类等各类活动的分类引导,以增强活动的针对性;既要突出重点,组织好全校性的主题活动,每学期可安排一次参与面广、规模比较大的文化活动,重点活动重点抓,以重点活动来带动全校的各项活动,又要抓好常规性活动,这些对于提高学生的综合素质及强身健心都有着较大的促进作用。

第七,充分利用网络资源丰富和发展校园文化。

网络文化和技术也为高校校园文化建设提供了新的方法和手段。课外学术讲座、报告会、知识竞赛、演讲赛、墙报、专刊、各种寓教于乐的活动,以及社会实践,是进行高校校园文化建设的传统方式。在网络环境下,传统方式存在诸多局限性。网络技术的普及,无疑为校园文化建设开辟了新的途径,提供了新的方式和手段。网络可以且必然成为高校校园文化建设的崭新载体,如网上宣传队、网上讲座、网上"论坛"、电子信箱、热线服务等,为高校校园文化建设注入了新的活力。只要因势利导,充分开发和利用,就可以规避风险,形成蓬勃向上的校园文化氛围。

第三节　新时代高校校园网络文化建设

在信息时代,互联网络迅猛发展,覆盖了社会生活的各个方面。作为大学生与学校、教师沟通的主要渠道之一,互联网络与高校校园文化的互动已经日益引起教育者和研究者关注,网络文化背景下的高校校园文化建设已经有了新的适应和调整。

但是,网络对人类生活的冲击和改变,网络文化对人类文化的影响和解构,使高校校园文化建设中仅仅进行这种针对网络时代的微观调整和适应是不够的,还应该有新的、能适应网络时代发展大趋势的任务和目标。于是,校园网络文化建设的全新命题应运而生,构建先进、强势、和谐的主流校园网络文化逐渐成为网络时代高校校园文化发展和建设的重要议题。

一、校园网络文化的界定与特征

作为社会先锋堡垒的大学校园现实空间与网络虚拟空间密切联系、相互交融,促使高校在网络应用和建设方面必须始终走在社会的最前列。一方面,越来越多的高校,把建设网络化、信息化校园作为重要的发展目标,网络技术的应用和建设全面地深入高校的教学环节、科研活动、行政管理和后勤服务等各个方面,广泛地关联着高校的教学、科研和正常的管理运转;另一方面,近年来,网络信息时代的几乎每一个新生事物、新媒介和新变化,总是最先在思维活跃、创新频生的高校师生群体中得到使用,成为他们学习、生活和人际交往的一部分。可以说,网络活动已经成为高校校园生活方式的重要组成部分,网络文化也必然成为高校校园文化生活的组成要素。这种网络文化与高校校园不断结合、紧密互动,便孕育出大学校园网络文化。

校园网络文化是校园网络化条件下所形成的一种崭新的校园文化。作为一种崭新的文化形态,它已经受到研究者关注,但往往是将其视作网络和校园的简单混合物,而缺乏对这一概念本身进行比较充分和深入的厘清与限定。

事实上,高校校园网络文化的概念内涵可以有两种理解:一是信息时代网络背景下的校园文化;二是基于网络技术和网络文化的校园文化。前者是对校园网络文化的广义理解,包括所有与网络直接相关的校园文化部分,关注的是在信息化、网络化的社会背景下,传统校园文化从理念到内容、手段、机制与组织方式如何发展、如何调适、如何创新、如何与时俱进,是新时代校园文化体系的全面构建问题。而后者是校园网络文化的狭义理解,仅指与网络使用直接相关,内容不属于传统校园文化范围的

"新生"文化部分,关注的是网络作为校园文化建设的新阵地、新工具、新方法,相应产生的新任务、新目标、新战略,是新时代校园文化体系的局部构建问题。

从高校校园文化发展建设的具体实践来看,上述两种理解是相互交织在一起的;从高校校园文化发展建设的理论研究来看,这两种理解处于不同层次,校园网络文化的广义理解是狭义理解的基础和前提,而狭义理解是广义理解的具体化和操作化,以两种理解来定位的理论研究缺一不可。但是,就本文的命题而言,主要指后一种理解,重点关注的是信息时代的知识资源、价值观念、虚拟规则。网络语言在校园平台上延伸、拓展,对校园群体的价值理念、思维能力、人格心理、人文情感及语言表达发生作用和影响,进而整合形成的具体文化系统。

校园网络文化从根本上说也是一种工具,不过这种工具附加了新型的网络技术。因此,与网络文化及校园文化相比,校园网络文化具有较大的相对独立性,它不同于传统意义上的校园文化,更有别于社会范围内使用的网络文化。那么,校园网络文化与校园文化之间是一种什么样的关系呢?

从性质上说,校园网络文化与校园文化是一致的,因为他们都是有中国特色的社会主义文化的重要组成部分,以培养社会主义建设者和接班人为目标,都包括政治思想、科学技术、文艺体育等内容,都具有导向、发展、调适、凝聚、辐射等功能。从范围来看,校园网络文化从属于校园文化,前者是后者的重要组成部分。从发展来看,传统意义上的校园文化不包括网络方面的内容,校园网络文化是校园文化在网络时代新的发展。

作为校园文化的组成部分,校园网络文化在校园文化中的地位如何？一提到文化组成，马上就会联想起主流、非主流、亚文化等概念，涉及校园文化方方面面，就有教师、学生、学习、休闲、文艺、体育等许多种按不同标准划分所产生的具体文化形态或组成部分。与一般校园文化形式或组成不同的是，这一切几乎被一"网"打尽，校园网络文化的范围因此而异常广泛，很难被划分成"网络形式"或"网络部分"。因此，校园网络文化独立性更强，地位更为突出，在知识经济时代的校园文化中所占的地位和所起的作用都极为突出，若比较上网学校与未上网学校校园文化的发展水平，就能更好地理解校园网络文化在整个校园文化中地位的重要性。正是基于此，许多研究者认为，校园网络文化建设是整个校园文化发展的大方向。

在这个意义上，我们认为，除具有网络文化体系和校园文化体系普遍具有的基本特征外，校园网络文化必然地具有大学校园与互联网络交融互动的新痕迹和新烙印，从而具有一些鲜明的个性特征。必须强调，这些特征是前述两个方面具有的新意义的整合，而不是它们的相关性的简单罗列与叠加。

第一，多元性与主导性的整合。由于网络文化体系的全球高度开放性，高校校园网与国内外互联网紧密相连，东西方思想文化在此相互激荡和激烈碰撞，从而使校园网络文化呈现信息广泛性和意识形态复杂性，加之现阶段我国高等教育改革逐步深化，办学形式和主体多元化，就业方式和途径多样化，高校师生在价值取向、知识结构、志趣追求等方面存在的差异有扩大化倾向，使得校园网络文化又呈现价值多元性。同时，高校"办好人民满意的教育"的性质及"培养人"的根本任务，决定了校园网络文化必须具有先进性和主导性，即要成为校园主流文化的重要组成部分,要培养社会主义事业的建设者和接班人,要树立社会主义荣辱观,要传承和创造先进的思想文化。

第二,科学性与思想性的整合。高校是先进思想和文化的创造源,也是科学和学术的集散地,高校校园网络文化凝聚着师生的智慧、知识和创新,体现着较强的科学和民主精神。同时,校园网络文化的主体群还具有精神境界较高、思想较为敏锐、主体意识较为自觉、理性思考较为深刻的特点。

第三,动态性与可塑性的整合。高校校园网络文化以信息的实时、开放、多媒体联合为显性特征,其文化内容在存储与更新、积淀与发展上具有迅捷、速变、海量等动态特点。同时,网络文化消费和生产的共时性,又深刻地、全方位地影响和改造着师生的价值取向、生活方式、思维方式等,使高校校园网络文化的主体既处于不断被塑造的状态中,也处于不断塑造其他客体的状态中。

众所周知,高校校园文化建设是社会主义精神文明建设与社会主义和谐社会建设的重要组成部分,也是一项庞大的系统工程,涉及高校发展建设的方方面面。笔者认为,校园网络文化这一全新命题,是高校校园文化建设在特殊时代和背景下的延伸表现,也是信息时代网络文化在特殊群体与环境中的集中反映,它既属于一种网络子文化,也属于一种校园子文化,可以说是时代与空间俱进、交融的产物。高校校园网络文化的孕育和形成,为校园文化建设的系统工程提供了全新的着力点和发展空间,是一种机遇,也是一种挑战。基于此,我们对高校校园网络文化进行系统性的功能定位。

第一,校园网络文化是传播先进文化的阵地。校园文化凭着学术自由、文化创新和追求真理的特点而一直在我国的文化建设中发挥着先锋作用。校园网络文化是网络时代的产物,具有校园文化和网络文化的普遍功能,并因信息传播方式公平、公开、实效、交互的独特魅力而成为传播高校先进文化的阵地。它把学生的思想触角伸出了校园,引入广泛的社会领域,弥补了原有校园文化覆盖面不广的缺陷;也为更大范围内开展学生思想教育工作提供了广阔的空间。在网络中,教育工作更容易做到面对面交谈,从而增强了说服力;也打破了原有的地域界限,吸引更多学生参与网络文化建设。在他们进行信息浏览、信息发布、电子商务、人际交往、游戏娱乐等活动的过程中,校园网络文化发挥着潜移默化的作用,影响着他们的价值观,刺激了他们的求知欲,扩大了求知的途径和方式,实现了"不出校门"的社会教育。

第二,校园网络文化是促进大学精神形成的平台。我国高等教育正从数量时期全面进入一个质的时期,高校将从注重外延发展到打造内涵实质,其中最有代表性的就是大学精神。大学精神既是大学前进的动力,也是大学发展所积淀的精髓与灵魂,更是高校培养人才的气质标签和获得社会认同的重要指标。大学精神体现在大学教育上,就是科学教育和人文教育。校园网络文化的发展,使大学精神在科技性和国际性方面有了更全面、直观的凝练和展示。此外,校园网络文化更是培养科学精神和人文精神的沃土。师生运用最先进的网络技术进行科学研究和探讨,产生思想的碰撞;更公开、公平地为学生提供学习机会。师生可以个性张扬地在论坛中发表见解,而校园网络文化所具有的教育功能则在潜移默化中引导着大学校园网络气质的走向,促进了大学精神的形成。

第三,校园网络文化是协调师生全面发展的家园。大学教育的主要目标就是寻求人的全面和协调发展,具体涵盖了德智体美劳等方面。以往传统的校园文化通过氛围营造、传统熏陶等承载了师生全面发展的需求,校园网络文化除具有校园文化的普遍功能外,还具有思想性、娱乐性、学术性、服务性的特质,在获取信息、互动交流、强化自我、价值重塑等几个协调师生全面发展的主要方面起着特殊的作用。它的兴起与发展改变着大学师生的思维方式、价值观念、精神世界。在这样一个文化空间里,师生可以充分利用网络的虚拟性特征进行交流和研究,可以利用庞大的信息资源培养创造力、信息制造能力、自由平等意识和诚信意识。而校园网络文化以人的自由、和谐、全面发展为宗旨,提供了各取所需、各得其所、各司其职、各有所好的科技手段和精神融会园地,为师生的全面发展提供了最具包容性的家园。

第四,校园网络文化是学校整体发展的助推器。中共中央明确提出"坚持以人为本,树立全面、协调、可持续的发展观,促进经济社会和人的全面发展"。在高校,"全面、协调、可持续发展"具体体现为办学理念先进、办学资源优越、师生协调发展、管理科学先进。在高校寻求整体大发展的过程中,校园网络文化就因其所具有的高科技性而发挥着重要作用。比如,在体现着教育信息化程度的数字化校园建设过程中,校园网络文化作为重要组成部分在校园网建设、网络资源建设和远程教育方面起着推动作用。资源的数字化存贮与获取使数字化校园的资源优化;虚拟性和地域上的开放性使学校的教育影响力和辐射力能穿越围墙,渗透世界的每个角落;而载体的流动性和人际的平等性则使学校能倾听到许多更加真实和丰富的声音,为学校的整体发展建言献策;知识更新上崇尚"新、快、博"的饥渴状态使学校在人才架构、科研创新、教学内容、管理水平上都要与时俱进,保持适度的张力。

二、校园网络文化建设的历史过程

随着时代的迅速发展,网络越来越不局限于"一个技术概念",而是日益发展成为"一个更为广泛的社会文化概念",并形成由"技术集合体"向社会"结构功能实体"的转变;同时,校园文化建设的其他方面越来越同校园网络文化发生联系,校园网络文化的建设和发展越来越影响到整个校园文化体系的建构。

多年来,以加强大学生思想政治教育为切入点,对校园网络思想政治教育进行研究和考察,早已是高校教育工作者和思想政治工作者的常见课题。而把校园网络文化作为一种独立的文化形态,以文化研究的范式和方法进行分析、发掘,为构建和谐、文明的高校校园文化体系提供崭新的资源,也已经受到教育工作者的重视。因应网络时代,加强网络思想政治教育,建设校园网络文化已经成为许多高校的重要实践内容。

但是,历史地看,这种认识的形成经历了一个过程。这一历史过程的重要内容包括:一是立足于高校网络技术平台,高校校园网络公共论坛BBS等蓬勃发展;二是依托高校思想政治教育工作平台,高校网络思想政治教育蓬勃开展,思想政治教育主网站迅速发展;三是高校传统的思想政治工作队伍和网络技术工作队伍开始融会整合,提出了高校校园网络文化建设的新命题;四是传统的高校校园文化活动日益与校园网络及互联网融合促进,构建校园网络文化的基本格局初步形成。

三、构建先进、强势、和谐的主流校园网络文化

国家对高校校园网络文化的关注度进一步增强,习近平等党和国家

领导同志就加强校园网络管理作出了一系列重要批示,明确要求要认真总结高校校园网络管理的好做法、好经验,进一步深入研究加强校园网络管理和网上舆论引导的有效措施和办法,加强高校校园网的管理和运用,使其成为思想政治教育工作的新渠道。在教育部召开的几次高校校园网络信息建设与管理工作研讨会上,对于信息网络技术发展的新形势下高校思想政治工作的改进和创新都进行了全面探讨,校园网络文化的建设和发展就是其中重要的研讨内容之一。

在进一步加强和改进大学生思想政治教育的背景下,在高校校园网络文化形态日益丰富和延展的基础上,尊重网络文化发展的规律,既看到网络文化消极作用的不可避免性和校园网络主体的特殊心理取向,又看到加强主流意识形态引导的必要性和可能性,主动构建技术先进、引导强势、内容和谐的主流校园网络文化,仍然是新时代高校校园文化建设的一个紧迫任务。

构建先进、强势、和谐的主流校园网络文化,必须首先从理念上坚持六个原则。

一是把握正确方向。要以政治家的眼光建设校园网络文化,那就是始终不渝地坚持社会主义方向。众所周知,西方敌对势力企图借助信息技术手段,利用网络宣传其政治与文化,希望通过政治和文化的舆论渗透达到"和平演变"的目的,这是对高校完成培养社会主义建设者和接班人的根本任务提出的挑战。因此,建设校园网络文化的首要原则就是把握正确的方向,这是构建先进而强势的主流校园网络文化的前提。

二是尊重主体个体。要充分尊重大学生作为校园网络文化主体的地位,加强理解和关怀。作为校园网络文化中的主要受众群体,大学生在参与和开展网络实践活动中具有独立意识,具有控制和驾驭网络的能力,以及根据自己的需要能动地选择网络资源并创造性地参与网络各项实践活动的能力。因此,校园网络文化建设应定位于充分发挥大学生主体的内在动力,唤起和激发其内在的理性需要。只有尊重大学生的主体地位,才能使他们获得自尊、自信的网络情感体验,也才能促使他们在网络上保持对自我、对他人、对学校、对国家和社会的责任感。所以,抓住网络的平等、民主特点,理解大学生的网络主体行为,关怀大学生的网络主体意识,摒弃传统的居高临下的教育态度,从而使其主体意识实现理性化,保持在有序的网络限度和虚拟规则内。这是构建先进而强势的主流校园网络文化的基础。

三是积极因势利导。我国传统文化强调"因势利导"的教育理念,同样值得在构建主流校园网络文化过程中借鉴。众所周知,高校校园网络已经明显地成为意识形态斗争的重要阵地,在思想文化多元激荡,错误思潮翻涌杂陈的形势下,对校园网络文化建设中出现的问题,应将重点置于合理疏导与引导,而不是一味拒绝和简单、粗暴的防堵上。因为,互联网络的突出特征就是具有高度两面性,消极和积极总是并存,机遇和挑战往往共生,正面和负面经常转化,先进和落后始终同在。所以,问题的关键不是有没有消极、负面的东西,而是积极正面的东西是否占据主流,不是错误的观念是否具有影响,而是正确的观念是否形成强势。因势利导,因变化而调整,化被动为主动,有针对性地实现校园网络文化主体的合理需求,使他们从教训中吸取经验,从问题中看到希望,从纷繁复杂的网络文化浪潮中增强道德认知、辨别并择善而从的能力。这是构建先进而强势的主流校园网络文化的关键。

四是重视造势引导。尊重主体和因势利导,并不意味着主流校园网络文化构建者的无为。事实上,网络的匿名行为、自组织特征和互联网上信息的流动性,为教育者根据一定的需要进行"造势引导"提供了可能。所以,要高度重视校园网络在大学生舆论引导中的作用,也要高度重视大学生在校园网络舆论引导中的作用,根据形势需要和政策要求,把握网络主体的心理动态和精神需求,运用网络环境下的各种有特色的语言和行为,有针对性地发布一些既有利于主流文化发展又能激发主体积极参与的"移情信息",主动在校园网络空间中进行造势引导和调控,从而形成良好的主流网络氛围。这是构建先进而强势的主流校园网络文化的保证。

五是重塑人文精神。可以建构主流校园网络文化为契机,重塑高校校园文化中的大学精神和人文精神,实现人的全面发展,完成高校"培养人"的根本任务。无论是尊重主体、因势利导,还是积极主动、造势引导,贯穿其中的一个马克思主义的哲学观念,就是实现人的全面发展。校园网络文化在人的思维方式、行为模式和人格特质等方面的现代性延展上发挥着不可忽视的作用,是促进人的全面发展的重要途径,这已经被许多研究者所公认。因此,要把校园网络文化作为校园主流文化的重要组成部分,作为一项塑造与提升大学精神和人文精神的人文价值工程,把它所带来的对年轻群体的自主性、自由个性和个人创造性的张扬,上升到元理论的层面加以重视。在校园网络文化的机遇和挑战、碰撞与冲突中,寻求群体内外和谐、主流文化先进、舆论引导强势、人文精神浓厚的大学氛围,使具有各种不同的认知风格、学习方法和表现行为的人,都可能成大器。这是构建先进而强势的主流校园网络文化的根本。

六是注重继承创新。网络环境虽然打破了传统的信息传播模式,却难以彻底改变校园文化建设固有的规律。大学的历史积淀和丰富的文化底蕴是必须要继承和发扬的,要创新的是网络文化的流通模式和方式方法。要将传统文化传播方式与新的传播方式,实在性与虚拟性有机结合,使其不断与时俱进,与整个高等教育的发展形势相适应。

校园网络文化建设是一个系统工程,具有多侧面、多角度、多层次的特点,它的建设和发展既要有正确的指导理念和原则,又要有系统的操作方式和努力途径。结合各高校近年来的实践,在思路正确的基础上,具体还要从以下几个层面着力。

第一,确定全面系统的校园网络文化建设战略,并将其作为整个校园文化建设的重中之重。

当前的大学校园网络文化建设,尚存在重硬件轻软件,重形式轻内容,重"有"轻"用"等诸多问题。担负着弘扬先进网络文化、形成正面舆论强势的重要使命的校园网由于"文化"气息不够浓而缺乏亲和力。而许多内容丰富却缺乏监督、鱼龙混杂、信息发布随意自由的各类自由网站却人气很旺。校园主流网络文化和快餐式的校园边缘网络文化形成目前网络资源重复建设、彼此竞争、缺乏管理的校园网络文化建设现状。而要形成和谐发展、内容健康、布局合理的校园网络文化,就必须对校园网络资源进行整合,使以校园网为代表的校园主流网络文化更加人性化,使以自由网站为代表的校园边缘网络文化主流化,彼此呼应,丰富校园网络文化空间和内容,形成上下联动、左右互动的校园网络集团规模。在此基础上,要针对校园网络,文化建设目标不清晰的现状,尽早制定系统的校园网络文化建设战略,统一规划、统一布局,齐抓共管,建设具有可持续发展能力的校园网络文化。

同时,要把网络文化建设纳入高校校园文化建设的大范畴,并体现在高校发展的总体规划中,予以特别重视。校园网络文化建设,是高等教育不断深化改革、大学校园不断向信息化高速发展的必然要求。大学作为人类文化、知识传承和发展的基本基地,在信息时代,加快以网络化、数字化为主要支撑的信息化校园建设,是大学走上可持续发展的最经济、最可行的方式。因此,校园网络文化建设的地位和作用必将随着时代的发展而愈加凸显。只有充分重视网络文化对学校发展和人才培养的重要作用,把校园网络文化建设纳入学校发展的整体规划,大力构建具有社会主义高校鲜明特色的网络文化,才能使学校的精神文明建设和和谐校园建设顺利推进。

第二,健全网络舆情收集反馈机制,充分发挥信息服务与交流沟通功能。

校园网络特别是BBS论坛,是当前在大学生群体中具有较强影响力的信息载体。高校网络思想政治工作必须重视校园网络论坛,充分发挥其功能和作用,使其成为学校领导管理层了解普通师生所思、所想的有利途径。对此,一方面,可以按照统一协调、反应灵敏、高效畅通的原则,坚持定期整理网络舆情信息,将学生网上关注的社会热点问题和关系师生学习、生活、工作的重要意见、建议等进行汇编整理,认真分析问题产生的原因、发展趋势及对大学生思想的影响,准确把握本校校园网整体舆情动态,为学校决策提供参考。另一方面,积极挖掘校园网络特别是BBS论坛的潜在功能,为大学生提供学习、生活、就业、心理咨询等服务,使其成为学生学习、生活的好帮手,成为校情、民意传达沟通的桥梁和纽带。北京大学、南开大学等高校就努力把 BBS 论坛建成校内网络用户信息交流的平台。在定期编辑 BBS 情况简报、专报和舆情动态,收集、整理、分析网上舆情信息的同时,支持建立网上"服务特区",还支持举办校园生活网上咨询会,请来与学生学习生活密切相关的校医院、后勤等部门的负责人现场在线答疑释惑,解决问题。此外,在学校协助下,学生以 BBS 为宣传平台,经常举办各种学术沙龙讲座、爱心公益活动和文化展览活动;还将 BBS 的功能、版面介绍和操作指南汇编成的《校园生活宝典》,使师生对 BBS 的各种功用有更加深入的了解。所有这些,突破了传统呆板僵化的网络管理模式,为更好地建设校园网络文化奠定了坚实的基础。

第三,优化当前校园网络"文化生态",加大校园网络管理制度创新。

在当前的校园网络文化环境中,存在着许多不良现象,主要包括网络色情、网络暴力、网络文化垃圾等。这些不良现象,混淆了师生的认识,污染了校园网络文化生态环境,优化校园网络文化环境刻不容缓。其一,要提升网络技术水平,构筑"信息海关",有效隔离和消除有害信息;其二,要加快校园网络制度建设,保护和规范校园网络文化的健康发展;其三,建立校园网络在线投诉平台,鼓励和发动全体学生积极参与,发现有害信息立即举报,使其无法传播;其四,要重视开发各类师生欢迎的网络信息产品,制作、传播集思想性、知识性、艺术性、娱乐性于一体的信息产品,占领师生的网络阵地,匡正网络舆论,正本清源,打造优良的网络"文化生态"。

同时,信息管理制度创新是大学校园网络文化建设的重要一环,也是提升大学校园网络文化的品位和层次的重要保障,必须在管理理念上从封闭走向开放,从单一走向多样,从静态走向动态,从直线性走向立体性,从孤立走向协调；在管理体制上理顺关系，明确责任，厘清范围，避免互相推诿卸责的情况发生；在管理方式上要充分运用、发挥网络的技术优势，提高管理效率；在管理文化上要重视营造健康的文化氛围与和谐局面。而作为管理的主体也是客体的师生，是整个信息管理制度创新体系中最重要的一环，也是最具有主动性的一环，要通过加强师生的网络素质教育，引导师生理性地使用、利用和创造网络资源，增强师生抵御网络文化中不良因素影响的抗体，掌握大学校园网络文化建设的主动权。

总之，加大校园网络管理制度创新，使网络活动有章可循，活而不乱、严而不死，是校园网络文化建设的一项重要内容。

第四，创建校园主网站和思想政治教育专题网站，构筑先进的网络文化建设新平台。

高校网络文化建设必须遵循互联网发展规律和社会主义精神文明建设规律，体现社会信息化进程要求和大学生思想政治教育要求，把校园网建设成为传播先进文化和弘扬主旋律的重要渠道、加强大学生思想政治教育的重要阵地和全面服务大学生观念的重要平台，充分考虑到学生的内在需求，做到内容上贴近学校生活，形式上生动活泼，实现思想性、知识性、趣味性与信息性、交互性、服务性的结合，使校园网真正成为广泛吸引大学生、为大学生喜爱、受大学生关注的重要媒体，成为他们获取健康信息的重要渠道。

第五，寻找学术性结合点，把网络文化建设同高校培养人的根本使命相结合。

"培养什么人，如何培养人"是社会主义高校必须认真思考的战略问题。校园网络文化建设必须结合高校的特点，思考能发挥高校优势的新办法,国内许多高校在这方面已经进行了不少探索。

第六,建立校园网络安全事件响应体系和应急机制,确保校园网络文化稳定发展。

在网络文化发展欣欣向荣之际,因网络本身缺乏内在的安全机制和部分网民道德素养低下双重因素引起的网络犯罪也严重影响着校园网络文化的健康发展,建立校园网络安全事件响应体系和应急机制势在必行。事件响应和应急,是对发生在计算机系统或网络上的威胁安全的事件进行提前响应和处理,在技术方面,高校应该建立信息安全事件响应和应急机制,避免信息资源被窃取、更改和攻击;在道德方面,高校更应该完善包括集教育、引导、预警、紧急反应于一体的信息安全事件响应体系,通过全面、立体、多维的思想政治工作构建师生网络道德的防火墙,通过丰富多彩的网络文化活动引导师生树立良好的网络道德,通过扎实的网络工作队伍及时发现不良行为,通过快速的紧急反应机制迅速消解不良影响,保障校园网络文化的良性发展。

第七,以社会主义核心价值体系为基础,构造道德人格化的网络文化环境。

先进的文化环境和价值观念对主体道德规范与道德人格形成具有巨大作用。网络文化以其特有的开放性、平等性、互动性迎合了当代大学生崇尚民主、自由、平等的价值观和道德观。面对多样化的价值道德观念,必须坚持社会主义核心价值体系为统领,提高校园文化品位,发挥其在深层维度上的教育功能,为大学生营造道德人格和价值观念再选择的先进的文化环境,这一点至关重要。从文化形态观的角度上看,主体道德人格的形成是一种文化浸润的过程,网络文化从逻辑上有助于形成普遍伦理与核心价值。校园网络文化正是融知、情、意、行为一个有机整体并以隐式形态孕育大学生道德人格的环境教育形态,其根本价值取向就是道德价值观的人格化。因此,网络文化熏陶和思想教育的目的应当定位于在社会主义核心价值体系的基础上,培养大学生网民的心理自主性、主体发展性,塑造与完善大学生现代化的、真善美和谐统一的、知荣辱明是非的网络社会道德人格,提高他们对网络文化信息的判断力和鉴别力。

第八,创新行为模式,积极发挥网络作为新的学习共同体的作用。

网络对人类的冲击不仅是行为方式上的,更是思维方式上的。在充满信息烟雾的时代,互联网是传播新知识的好途径,如何去选择信息,为知识、科学技术服务是一个刻不容缓的问题。网络作为"学习共同体"的构想对于我国的教育改革具有重大的理论价值和实践意义。网络不仅是形成新教育范例的前提,还是促使教育改革的刺激媒介。未来的高校文化将会接受丰富多样的媒体与人力支援,提供大学生以自主的学习活动的天地,使大学生拥有高度的网络归属感。所以,未来的网络文化应当是平等、正义、公道和人性化的"学习共同体"。校园网络文化作为陶冶当代大学生情操的主要手段之一,必须站在时代的前头,以先锋的姿态,开创新局面,体现一定的超前性。因此,要以前瞻性的眼光,积极发挥网络作为新型学习共同体的作用,探索这种新型载体对大学教育发展的促进途径。

第九,固本强基,落实组织,建设强有力的校园网络文化工作队伍。

校园网络文化强调思想性、艺术性、积极性、教育性和指导性,高校必须建立一支强有力的网络文化工作队伍。在这支队伍中,既要有懂网络技术的专家,又要有思想教育上的专家;既要有校领导,又要有教师;

既要有学生干部,也要有普通学生,构成校园各项工作能在网上互动的局面。

目前,根据北京大学、清华大学等中国著名高校的经验,主要是从三个方面开展队伍建设:其一,开展"网上辅导员"实践。通过举办网络培训班,加强对有关教师的培训,增强网络意识,提高网络技能,使学生了解并掌握校园网络的特点和规律,特别是校园BBS的基本功能和管理方法,成为学生的"网上辅导员"。网上辅导员队伍可以由专职学生工作队伍中年纪较轻、能力较强并且有较好的网络知识和技术的教师组成,可以包括主管学生工作的院(系)副书记、学工办主任、团委书记、副书记和年级主任、班导师等。辅导员在校园网络论坛上应当力避呆板、僵硬的说教,以平等的身份,用青年大学生们熟悉的网络语言风格进入网络,进行真诚的交流和对话,掌握大学生的思想动态,有针对性地开展工作。其二,建立"网上评论员"机制。针对一些网上热点问题缺乏主流舆论理性引导的情况,组建一支政治可靠、知识丰富、数量充足并熟悉网络语言特点和规律的"网上评论员"队伍,围绕热点问题主动撰写帖文,吸引学生点击和跟帖,形成网上正面舆论强势,有效地掌握和引导校园网络动态。其三,组织学生"红客"队伍。选拔政治立场坚定、学习成绩优秀的学生,组织成为一支精干的学生"红客"队伍,在校园网络信息监控、正面舆论引导等方面发挥积极作用。特别是在校园网络发展中遇到的一些特殊、敏感、突发事件中,学生"红客"以学生熟悉的方式对错误言论及时予以反驳引导,能够有效地维护校园网络的稳定。同时,要积极与校园民间网络论坛的学生站务组进行沟通和交流,保持与他们的紧密联络,并注意大胆发掘培养政治立场坚定、具有一定政策水平和处理特殊事件能力的学生站务,发挥他们在网友与 BBS 管理中的独特作用和影响。

同时,各高校的广大专业教师要积极主动利用校园网络,开展网上教学;鼓励学生社团、学生党支部、各团总支设立自己的网站,充分发挥学生利用校园网自我管理、自我服务、自我教育的功能。建立校园网络文化研究组织,譬如校园网络文化研究小组或协会等,发挥广大学生在校园网络文化研究中的主体作用,建设具有中国特色的大学校园网络文化理论体系。这样,从上到下,从专职到兼职,从教学科研到教育管理,从实践参与到理论研究,全方位、多维度形成立体化的校园网络文化工作队伍,从而确保校园网络文化建设有序推进。

总之,大学校园网络文化建设是个崭新的课题,随着网络技术及其应用的迅猛发展,校园网络文化建设的内容、方法和手段,以及校园网络信息的服务和管理,会不断遇到新情况、出现新问题,网络和校园文化建设之间的关系也会增添新内容、面临新挑战。对高等院校而言,只有始终与时俱进,不断创新探索,才能适应网络时代的发展要求,适应社会主义精神文明建设、社会主义和谐社会建设和加强大学生思想政治教育的要求。

参考文献

［1］唐杰.人力资源管理理论在高校学生管理中的应用研究［M］.成都:电子科技大学出版社,2018.

［2］应培礼.高校学生事务依法管理研究［M］.上海:复旦大学出版社,2018.

［3］王文杰.高校学生事务管理工作案例选编［M］.北京:光明日报出版社,2018.

［4］张家莉.法治理念下的高校学生教育管理创新［M］.北京:九州出版社,2019.

［5］汪文娟,何龙,杨锐.高校教育管理创新研究［M］.北京:北京工业大学出版社,2018.

［6］李泽.高校内部学生申诉制度比较研究［M］.上海:上海交通大学出版社,2018.

［7］谷菲菲.高校大学生可持续发展能力培养途径研究［M］.北京:经济日报出版社,2018.

［8］张振飞,范明英.应用型高校文化建设创新与实践［M］.北京:光明日报出版社,2018.

［9］周国桥.高校校园文化建设管理研究［M］.天津:天津科学技术出版社,2018.

［10］张继红.高校学生群体性事件之法律防治对策研究［M］.北京:中国致公出版社,2018.

［11］金红希,张宏铭,孙萌.高校党建与大学生思想政治教育问题研究［M］.沈阳:辽宁大学出版社,2018.

［12］莫春梅.服务与发展理念下的高校学生管理研究［M］.北京:中国原子能出版社,2019.

［13］杨大鹏,马亚格,罗茗.高校学生工作管理创新研究［M］.北京:北京理工大学出版社,2019.

［14］吴能武,张惠虹.高校学生学籍管理案例解析［M］.上海:上海教育出版社,2019.

［15］孙小龙,沈红艳,江玲玲.国际视野下高校学生事务管理发展研究［M］.北京:中国书籍出版社,2019.

［16］林琳.高校艺术类专业学生管理理论与实践探索［M］.北京:北京工业大学出版社,2019.

［17］丁兵.当代高校教育管理研究［M］.西安:西北工业大学出版社,2019.

［18］张微.高校学生工作的社会工作参与［M］.北京:中央编译出版社,2019.

［19］丁国勇.高校学生学业表现数据建模研究［M］.济南:山东大学出版社,2019.

［20］芶生平.高校公寓管理服务的探索与实践［M］.成都:电子科技大学出版社,2019.

［21］关洪海.高校教育管理与创新实践研析［M］.北京:冶金工业出版社,2019.

［22］寇福生.新时代高校学生工作理论与实践探索［M］.沈阳:东北大学出版社,2019.

［23］祁明,江鸿波.高校内涵建设背景下的学生思想政治教育发展［M］.上海:同济大学出版社,2019.

［24］李晖.国防特色高校档案管理与信息化建设［M］.哈尔滨:哈尔滨工程大学出版社,2019.

［25］吴秋平,张兵.大学生危机事件管理研究［M］.北京:中国旅游出版社,2019.

［26］蔡熙文.高校学生管理与实践创新研究［M］.北京:北京工业大学出版社,2020.

［27］李玲.高校学生管理工作创新研究［M］.长春:吉林人民出版社,2020.

［28］宋丽萍.新媒体环境下高校学生教育管理工作创新研究［M］.长春:吉林大学出版社,2020.

［29］叶云霞.高校人力资源管理与服务研究［M］.长春:吉林大学出版社,2020.

［30］宋尚桂,佟月华.我国高校学生服务体系改革研究［M］.青岛:中国海洋大学出版社,2020.